| 세미오시스 번역총서 04 |

기호인류학 특강
문화의 화용론적 기호학
The Pragmatic Semiotics of Cultures

이 역서는 2010년 대한민국 교육부와 한국연구재단의
인문한국(HK)지원사업의 지원을 받아 수행된 연구임(NRF-2010-361-A00013).

세미오시스 번역총서 04

The Pragmatic Semiotics of Cultures

기호인류학 특강:

문화의 화용론적 기호학

리처드 파멘티어(Richard J. Parmentier) 지음 | 고경난 옮김

HU:iNE

Semiotica Volume 116(1997)
“Pragmatic Semiotics of Cultures”
by **Richard J. Parmentier**

목차

일러두기

- 각주: 옮긴이의 주석은 각주 처리하였다.
- 미주: 원저자의 주석은 미주 처리하였다.
- 편집양식: 원저에 사용된 학술지 『Semiotica』 편집양식을 그대로 유지하였다.
- 강조: 원저자가 주의하여야 할 부분을 이탤릭체로 표시했을 경우, 해당하는 번역 어구에 똑같이 이탤릭체를 사용하였다.
- 외국어: 원저자가 영어가 아닌 언어를 표시하기 위해 이탤릭체를 사용한 경우, 해당하는 번역 어구에 이탤릭체를 사용하지 않았다.
- 전문용어: 통용되는 우리말 용어를 채택해 일관적으로 사용하고자 하였다. 하나의 용어에 여러 의미 혹은 우리말 용어가 있으면 숙고하여 맥락에 가장 적절한 용어를 사용하였다.

옮긴이의 말

인류학이 무엇을 하는 학문인가를 이야기할 때 흔히 인류학은 민족지적 방법론으로서 다른 유사학문과 차별된다고, 연구자가 한 사회에 장시간 동안 자신을 몰입함으로써 마련한 토박이 문화에 대한 자료와 이해를 사용하여 더 과학적 층위에서의 비교연구를 수행한다고 말하곤 한다. 우리가 아는 현대 인류학은 초기부터 비교문화연구를 연구의 궁극적인 지향점으로 삼았다. 그러나 일반적으로 돌이켜보면, 자의에 따라서이든 외부의 시각이 그러하든, 20세기 인류학에서는 유독 앞의 첫 문장에서 자료수집의 방법론만이 분리되어 그것의 특징으로 주목받은 느낌이 없지 않다. 이것은 어쩌면 비교의 관점, 도구, 그리고 틀, 즉 문화에 관한 비교연구에의 메타언어와 프레임체계가 때로는 부족하거나 부적합했을 수 있기 때문이라고 본다. 한 가지 분명한 것은, 과거와 현재의 우리의 성찰적 노력은 조금씩 더 분명한 비교문화연구의 '에틱' 프레임체계, 개념, 그리고 언어의 구축으로 이어지고 있다는 것이다.

이것이 최소한 최근에 널리 "기호인류학"으로 지칭되는 인류학의 세부 연구 분야의 기본적 성향이자 성격이다. 기호학을 접목하여 특수한 민족지적 현장자료를 분석하는 기호인류학적 연구는, 적절한 기호학적 개념의 도입과 응용을 통하여 사회·문화과정들과 그것들의 교차적 양상·현상을 더욱 세밀한 차원에서, 명확하고 분석적이며 정돈된 논리로서 설명하고 또 비교하고자 한다. 기호와 사회의 '세미오시스' 차원에서 벌어지는 다양한 "문화적" 활동, 그 화려하고 복잡한 것의 속성, 관계성, 역동성, 혹은 유기성 등을 더욱 체계적으로 또 보편적으로 풀이하고자 한다는 것이다.

이와 같은 개별 의지와 노력이 지금과 같은 작은 '움직임'으로 응집되고 확산하기 시작한 데에는 20세기 중반 이후, 미국 시카고 대학교 마이클 실버스틴(Michael Silverstein)과 원저자를 비롯한 그의 후학들의 노력이 주요했음을 부인할 수 없다. 원저자 리처드 파멘티어는 현대 기호인류학의 발전과 확산에 중심적인 역할을 했고, 원저 『문화의 화용론적 기호학』(*The Pragmatic Semiotics of Cultures*)은 특히 파멘티어가 학생들을 대상으로 한 특강을 기호학 학술지 『Semiotica』에서 한 권의 모노그래프(monograph)로 출판한 것이다. 여기서 파멘티어는 소쉬르와 퍼스의 기호 이론들을 토대로 언어인류학, 문화인류학, 고고학과 교차하는 기호학적 인류학의 이론적 배경과 역사를 요약하고; 레비스트로스, 기어츠, 싱어, 바르트, 로트만, 보드리야르 등 인문학과 사회과학적 문화비교에 기호학적 이론을 접목한 주요 이론가들의 핵심적 문제점들을 지적, 보완하며; 종교, 토착 문학, 역사 담론, 법 담화, 고고학적 물질문화, 음악, 회화 등의 사례를 다룬 대표적인 문화 분석들을 해체, 재분석하며 방법론적인 혜안을 제시한다. 이렇게 광범위한 이론·방법론적 내용을 집약적이고 꼼꼼히 다루다 보니 원저의 언어는, 마치 기호인류학적 접근의 치열함을 증명이나 하듯, 매우 빽빽하고 함축적이며 그럼에도 (혹은 그래서) 우아하고 일관된 하나의 긴 논문으로 읽힌다. 문장 하나하나가 절대 대충 넘김이 없이 여러 가지 것을 요약, 연결, 지시, 해석, 혹은 비판하고 있고 또 기본적인 기호학 개념들에 관한 사전 지식을 전제하고 있어 가독성의 문제가 우려되지만, 기호학적 비교문화 분석에 관한 전반적이면서도 집약적인 보기 드문 설명이니만큼 호기심 많은 독자에게 알찬 소개서 또는 해설서로 해석될 수 있기를 기대한다.

이 번역서는 원저자와의 교신을 통해 원저에서 발견되는 작은 오류들을 몇 군데 수정하였다. 내가 퍼스 기호학을 처음 배우던 중 도움을 받았던 (그리고 여전히 도움받는) 글들의 저자이자 이 번역서의 원저자이고, 또 학술지 『Signs and Society』의 창간부터 함께한 릭(Rick)에게 인사를 전한다. 어휘구사력이 만족스럽지 못한 탓에 도움이 종종 필요했다. 조준래, 강병창 선생님들은 어휘사용에 관한 성가실 수 있는 질문을 늘 기꺼이 받아주시고 의견을 주셨다. 전기순, 임대근 선생님들께는 번역서 출판을 지원해 주심에 감사드린다. 교정은 신소혜 선생님이 애써 도와주셨고 김신 선생님은 좋은 소개를 해 주셨다. 강윤희, 이윤희, 서종석 선생님들은 전문분야 용어 번역에 관한 조언을 주셨다. 다른 세미오시스 연구센터의 일원들께도 감사의 인사를 전한다. 실버스틴의 용어를 사용하자면, 나는 여기에서의 번역이 최대한 기호학적 의미관계의 변형이 아닌 전환(transduction)이 될 수 있도록 고민했다. 그러나 충분히 더 매끄럽고 적절한 전환법들이 있을 것이며, 모든 오류의 책임은 당연히 내게 있다.

2016년 4월

고경난

원저와 번역서 서문*

이 글은 1996년 6월 핀란드 이마트라의 국제 기호학 연구소(International Semiotics Institute, Imatra, Finland)에서 공동 개최된 노르딕 기호학 여름학교(Nordic Summer School of Semiotics)와 핀란드 기호학회(Semiotic Society of Finland)의 제15차 연례회의에서의 네 차례 강의 내용을 기반으로 한다. 이 글을 작성하면서 나는 최대한 강의에서와 마찬가지의 일상적 대화체를 유지하고자 노력했다. 1장에서 나는 언어와 인지에 관한 철학적 분석이라는 근원으로부터 현재 기호인류학이라는 인류학 하위 학문 분야의 초석을 제공한 몇몇 인류학 석학들의 이론을 전반적으로 정리하였다. 특히 마이클 실버스틴(Michael Silverstein)의 기호학적 접근법을 집중적으로 소개하였는데, 그의 이론은 언어를 매우 중시하면서도 모든 문화를 언어 코드로 설명하지 않은 퍼스(Peirce)와 소쉬르(Saussure) 각각의 통찰력에 대한 매우 생산적인 융합을 보여준다. 2장에서는 문화 과정 분석에 적용되는 기호학적 방법론들을 다룬다. 먼저 인류학에서 기호학적 개념이 부정되는 몇 가지 사례들을 검토한 후, 복합적 문화 기호들을 이해하기 위해 '지표적 도상'의 개념을 사용하는 구비 시가, 법 교육학, 그리고 교향곡의 세 가지 긍정적 실례들을 제시한다. 3장은 언어의 세계를 넘어 선사시대 유물을 포함하는 물질적 대상, 재현적 이미지, 그리고 사회적 가치를 구현하거나 전달하는 대상의 스타일과 함축에 관한 기호학적 분석에서의 중요한 문제들을 탐구한다. 4장은 교차문화비교 양식과 같은 기호 유형론의 주제를 다루며, 특히 중세 유럽의 기호학적 양상에 관한 최근 학제적 연구에 대해 논의한다.

내 연구를 이미 알고 있는 독자들은 내가 『기호학적 매개』(*Semiotic Mediation*, Mertz and Parmentier 1985), 『신성한 유적』(*The Sacred Remains*, 1987), 그리고 『사회의 기호』(*Signs in Society*, 1994b)에서 다루었던 여러 주제가 이 개요에 벌써 드러남을 알 것으로 생각한다. 나는 여기서 내가 지난 이십 년간 연구해왔던 분석적 과제들에 대한 새로운 시각을 제공하고 기호인류학에 관한 더 전반적인 성찰을 해 보려 한다. 하지만 한 가지 주요 결론은 불변하다: 나는 기호학을 독립된 이론적 교리 혹은 학문분과보다 사회문화 연구에 있어 중요한 방법론적 도구로 보는 것이 가장 마땅하다고 생각한다. 학문적으로 탁월했던 만큼 비사교적으로 고립되었던 두 창시자 페르디낭 드 소쉬르(Ferdinand de Saussure)와 찰스 샌더스 퍼스(Charles S. Peirce)가 체계적인 민족지적 연구 없이도 인간 사회의 본성에 대한 경험적 발견이 가능했다는 생각은 그들이 개척한 분석적 방법들을 전면으로 부정하는 것이다. 이 글에서 나는 기호학이 (1) 세계의 문화들에 명시적 혹은 암묵적으로 존재하는 민족기호학적 용어들과 메타언어들을 비교할 수 있는 관점과; (2) 이전에는 구별되지 않던 기호학적 기능의 양상에 대한 분석적 해명을 제공한다는 것; (3) 특히 암시적 규칙들과 유형학적 규칙들에 대한 지식의 목록을 구축함으로써 예측 가능한 연구계획을 조성한다는 것; (4) 전문적인 메타언어의 화용론적 그리고 수사학적 차원들에 대한 우리의 민감성을 높여준다는 것; 그리고 (5) 주제화, 그리고 바라건대 다양한 전문용어 어휘의 화합을 통한 학제 간 번역의 가능성을 보여준다는 것을 강조하며, 기호학이 사회연구에 방법론적으로 이바지하는 양상을 설명한다.

한국어 번역본을 위해 새로이 서문을 작성하던 중, 나는 원서의 서문과 똑같은 위의 두 문단을 반복하고 있음을 깨달았다. 같은 이야기를 새로이 하기보다 원서의 서문을 이 번역서의 서문과 같이하려고 한다.

I

기호인류학의 이론적 토대

1

기호인류학의 이론적 토대

문화의 화용론적 기호학에 대한 논의를 위해 우선 인류학의 하위 분야로서의 기호인류학이 등장하게 된 철학적 배경과 이론적 맥락을 기술해보자. 물론 여기에서의 기술은 기호인류학에 관한 포괄적인 역사를 제공하지는 않을 것이다: 종합적인 리뷰를 제공하기에 이 사회 연구 분야는 역사가 매우 짧고, 따라서 무의미하기 때문이다. 우리가 역사적으로 짚어보아야 하는 것은 지적 궤적에서 중요한 다음과 같은 것, 즉 상징 능력이 인류에게 보편적이지만, 특정 문화의 기호체계는–신화와 의례, 예술과 건축, 음악과 문학, 몸짓과 춤 등과 같은 인지의 본성과 다양한 문화적 생산물을 이해하는 데 있어 필연적 요소들로서–면밀히 연구할 필요가 있다는 학문적 믿음이 발전된 순간들이다. 이러한 관점에서 나는 기호인류학 연구에 방법론적 또 이론적 공헌을 한 임마누엘 칸트(Immanuel Kant), 빌헬름 폰 훔볼트(Wilhelm von Humboldt), 에밀 뒤르켕(Émile Durkheim), 클로드 레비스트로스(Claude Lévi-Strauss), 클리포드 기어츠(Clifford Geertz), 밀턴 싱어(Milton Singer), 그리고 마이클 실버스틴(Michael Silverstein)의 업적들을 이 장에서 살펴볼 것이다. 현대 기호학과 기호론의 실질적 창시자인 퍼스와 소쉬르의 우열을 가리는 문제는, 비록 이 문제가 논쟁이 되는 많은 문헌을 만들어냈지만, 여기에서는 미해결된 채로 둘 것이다.[1]

기호인류학의 초기 단계

기호학 이론의 발전 선상에서 칸트의 초월철학 위치는, 일군의 개념들이 이후의 이론가들에 의해 근본적인 *비판*의 대상이 됨으로써 이후의 발전을 위한 필수 전제조건으로 밝혀지게 된다는 점에서, 관념의 역사에서 매우 흥미로운 사례라 볼 수 있다.[2] 칸트의 혁명적 프로그램이 직접적인 답을 제시한 것은 아니나, 그의 '코페르니쿠스적 전환'이 없었다면 기호학 이론은 경험주의자와 합리주의자들 간 사회역사적 층위의 의미 재구성에 관한 계몽주의 논쟁을 일찍이 넘어설 수 없었을 것이다. 칸트는 마커스 허츠(Marcus Hertz)에게 보낸 1772년 편지에서, 인간 지식에 관한 자신의 기존 사고가 새로운 전환점을 맞이했다고 밝힌다: '나는 스스로 묻는다: 우리가 대상과 그것의 "표상"[1)]이라 부르는 관계에 대해 지니는 관념의 기반은 무엇인가?' (Cassirer 1981: 127에서 인용). 그리고 그는 두 가지의 기반을 이야기한다: 첫째는 대상이 스스로 순전히 수동적이고 수용적인 감각에 인상을 줌으로써 표상(*Vorstellung*)을 결정하는 것; 둘째는 이 표상이

1) 전반적으로 "representation"은 '재현'으로, "presentation"은 표상으로 번역하였다. 그러나 여기 이 절에서의 칸트에 관한 설명에서는 예외적으로 "representation"을 '표상'으로 번역했다.

이해력의 능동적 힘으로 대상을 생산하는 것이다. 칸트는 또 이에 관해 다음과 같은 딜레마를 말한다. '우리의 이해는 이 범주들 어느 것에도 속하지 않는다. 왜냐하면, 이해는 그 자체로서 그것의 인지와 연결된 대상들을 생산하지 못하고 또한 즉각적으로 감각적 인상에 나타나는 효과들을 있는 그대로 수용하지도 않기 때문이다'(Cassirer 1981: 128에서 인용). 그러므로 근본적인 문제는 감각과 이해 이 둘 모두를 포함하는 인간의 인지를, 대상에 관한 우리의 경험과 완벽히 일치함과 동시에 그 어떤 특정 경험에도 의존하지 않는 원칙들에 근거하여, 설명하는 것이었다.

이에 관한 칸트의 해답은 우리가 '물자체'뿐만 아니라 경험 가능한 영역에 있는 사물로서 알 수 있는 대상에 관한 모든 가능한 지식을 위한 필요조건을 기술하는 '초월적' 원리의 발견이었다. 지식의 선험적 조건들을 대상들로부터 받을 수 없으므로, 그것은 분명히 인지 기능의 보편적 규칙에 따른 것으로 생각한 것이다. 이들 형식과 범주는 특수한 인지 표상과 특수 경험적 대상을 수동적인 장벽 내지는 굴절을 통해서가 아닌 활동적, 종합적, 그리고 구성적인 경험의 법칙들로서 매개한다(Kant 1929: 135). 그것이 주관적이라 할지라도, 형식과 범주의 보편성은 모든 개인의 인지적 '하드웨어'로 기능하고, 그 결과 의사소통이 가능하도록 작용한다(Kant 1967: 216). 따라서 경험된 대상에 대한 우리의 지식은 마음 바깥의 실재에 대한 직접적 파악이 절대 될 수 없다. 왜냐하면 그것은 상위 표상, 즉 표상을 향한 판단에 의존하기 때문이다(Cassirer 1944b: 32-33):

> 따라서 판단이란 대상에 대한 중재적 지식, 즉 표상의 표상인 것이다 … 그런 이유로 모든 판단은 우리의 표상들의 화합이 기능함으로써 가능한 것이다. 하나의 직접적 표상 대신 직접적 표상과 다른 다양한 것들로 구성되는 보다 *상위의* 표상

이 대상의 앎에 사용되며, 따라서 알 수 있는 다양한 지식이 하나로 집합되는 것이다. (Kant 1929: 105-106)

이러한 이론을 두고 칸트의 비평가들은 재빨리 두 개의 중대한 문제점을 지적했다. 첫째, 칸트는 인간 이성에 대한 비판을 통해 대상에 대한 우리의 지식의 타당성을 획득하는 과정을 설명했으나, 그의 설명은 마치 법처럼 조직되어 있으며 인간의 그것에 관한 지식과는 상관없이 존재하는 실재라는 문제점을 도외시함으로써 마련된 것 같다는 점이다. 둘째, 아리스토텔레스(Aristotle)의 논리학에서 상당 부분 직접 가져온 직관의 보편적인 선험적 형식과 이해의 범주를 상정함으로써, 칸트는 대상 세계를 상징적으로 구성하는 사회적 산물로서의 언어의 너무나도 명백한 역할을 간과했다는 것이다(Cassirer 1996: 16). 사실 첫 번째 지적에 관한 직접적인 해답은 퍼스의 철학이 제공하였고, 두 번째 지적된 문제점에 대해서는 현대의 '기호학적 매개'(Mertz 1985; Parmentier 1985c)에 관한 이론이 다루고 있다.

빌헬름 폰 훔볼트는 하만(Johann Georg Hamann)과 헤르더(Johann Gottfried von Herder)의 칸트에 대한 비판에 답하고자, 근본적으로 칸트적인 문제를 구조주의적 언어 개념과 결합함으로써 칸트가 초월적 범주로 본 것을 '언어체계'로 풀이하였다. 자세히 말하자면, 칸트가 객관적 세계에 대한 이해를 구조하고 구성하는 보편적 형식과 범주라 한 것이 훔볼트에게는 '사고의 기능을 규제하는 법칙'인 문법 형식이 된 것이다(Humboldt 1963: 240). 이렇게 보편적 범주들을 언어적 범주들로 대체함으로써 즉시 파생된 문제는 언어적 범주화의 과정 그 자체가 감각적 지각의 대상이 될 수 있다는 것이다. 칸트의 마음에서 외부 세계에 대한 표상은 판단력의 작용으로 상위표상의 대상이 되고 표상의 표상이 되지만, 이 두 가지 표상 모두 감각적 특징이 없는 순수한 정신적 실체일 뿐이다. 이와 달리 훔볼트의 경우에는 마음이 언어적 과정을 반성할 때, 패턴이 있는 '소리-형식' 또는 '음운-형식'에 따라 고정화된 개념을 감지한다. 그 결과, 언어는 인지를 구조하는 기제로서 주관적이며, 동시에 인지되는 소리의 형식으로서 객관적이다. 우리는 여기에서 의미에 관한 기호학적 접근법이 태동하고 있음을 어렴풋이 볼 수 있다.

훔볼트는 언어적 기호를 단지 사고를 위한 도구로 바라보지 않고, 또 유의미한 개념이 소리의 비례적 분할에 따른 관념적 경계일 뿐이라 여기지 않았다는 측면에서 언어적 기호에 관한 계몽주의적인 시각을 넘었다고 할 수 있다: '의미는 소리 안에 들어있다. 역으로 생각해보면 소리는 의미에 의해 정확하게 그리고 단독적인 방식으로 한정되어야 하는 것이라는 말이다'(1971: 55). 훔볼트는 또한 언어를 대화하는 원자적 개인들의 의사소통 필요에 부합하는 것 그 이상으로 여긴다는 측면에서 계몽주의적 전통을 뛰어넘는다. 언어의 주된 역할을 사람과 사람 간 매개로 보지 않았고 또 언어가 사람들의 상호적 필요에 따라 발명된 것이라고 생각할 수 없다고 하였다. 그에게 언어는 사회의 산물로서 인간과 사회를 매개하는 것이고, 사회 산물로서의 언어는 특정한 역사적 경험 혹은 그것을 공유하는 사람의 '세계관'을 문법적 형식으로 코드화하는 것이다. 따라서 언어는 사회의 과학적 이해를 위한 가장 확실한 안내서가 된다.

> 언어는 이를테면 사람의 마음을 겉으로 드러내 주는 외현이다. … 우리는 국가의 지적 능력을 언어적 다양성에 관한 실질적 설명의 원칙과 진정한 결정적 요인으로 여겨야 한다. 국가의 지적 능력, 그것만이 우리와 필수적이고 독립적으로 마주하기 때문이다. 인류 언어의 구조는 저마다 국가의 지적 특이성 때문에, 그리고 그것으로 인하여 달라지는 것이다. (Humboldt 1971: 34-35)

하지만 홈볼트는 모든 인지 행위에 개인은 필수적으로 특정한 하나의 언어적 분류체계를 관여시켜야만 하므로, 언어가 집단적 경험과 사회의 지적 특성에 대한 거울, 표현, 이미지, 혹은 반영 그 이상이라고 생각했다. 즉, 개인의 관점에서 바라봤을 때 언어는 사회적으로 정해진 패턴에 따라 경험과 표현을 규제하도록 하는 조건들의 초월적 구조였고, 그 구조가 한 세대에서 다음 세대로 전승되면서 개개인을 구속한다고 본 것이다. 개개인의 창의적 잠재력은 문법이 허용하는 '활력성', '조화성', '발전성', 또는 '완벽성'의 문제인 것이다(Humboldt 1829: 216, 1971: 192-198). 이런 연유에서 훔볼트의 이론은 언어에 관한 몇 가지 보편적 주장을 내세웠을 뿐 아니라, 언어구조와 세계관 간의 상관관계에 관한 경험적 비교문화연구에 대한 주장이기도 하다. 훔볼트는–프란츠 보아스(Franz Boas), 에드워드 사피어(Edward Sapir), 그리고 벤자민 리 워프(Benjamin Lee Whorf)의 글에서도 발견할 법한–'사고는 단지 언어에 의존할 뿐 아니라 각각의 특정 언어에 의존한다'라는 결론에 도달하였다(1963: 245).

프랑스 사회학자 에밀 뒤르켕은 칸트와 후기 칸트주의자들의 상징 범주에 관한 초월적 접근방식이 현대 상대주의적 관점의 민족지적 접근법을 통한 문화적 상징주의에 대한 연구로 넘어가는 데에 중요한 과도기적 역할을 했다. 『종교 생활의 원초적 형태』(*The Elementary Forms of Religious Life*)에서 뒤르켕은 경험주의와 선험주의의 철학적인 대립이–선험적 범주가 사회 도덕적 힘으로 인하여 개인의 인지를 구속한다는 사실을 고려해–통합되어야 한다고 주장한다.

> 범주들이 우리에게 부가되는 필연적 과정은 작은 노력으로 쉽게 떨쳐버릴 수 있는 멍에 같은 단순한 습관들의 결과물이 아니다. 또한, 범주들이 장소와 시간에 따라 달리 변하기 때문에 그 필연성은 물질적이나 형이상학적인 성격의 것으로

> 도 볼 수가 없다. 도덕적 의무에 있어 의지가 필연인 것과 같이, 그것은 지적 활동에 있어 특수한 부류의 도덕적 필연성이다. (Durkheim 1965: 30)

범주는 사실 경험으로부터 기원하고 범주의 객관성은 사회의 도덕적 규제에 관한 개인의 지각에 근거를 두기 때문에, 경험주의자들이 어느 정도까지는 타당하다고도 할 수 있다. 그러나 범주가 칸트에게 모든 가능한 경험의 *조건*이라면 뒤르켕에게는 정신의 본질적 *내용*이다. 뒤르켕은 공간, 시간, 인과성, 총체성의 범주들을 필수적이긴 하나 *후험적인* 것으로 보았다. 다시 말해 범주는 사회의 경험에서 유래하는 것이긴 하나 어떤 경험을 위한 필요조건은 아니다. 사람들이 특정 범주가 지니는 도덕적 힘으로 그 범주를 도출하게 되는 것이라면, 개인들이 사회를 처음 경험할 수 있는 그 어떤 방법은 당연히 있을 거라고 간주한 것이다.

상징 분석의 역사에서 뒤르켕의 핵심적이고도 지속적인 기여라 한다면, 신성성이 대상의 그 어떤 내인자적 속성에도 속하지 않는다고 지적한 것이다. 그는 '종교적인 것의 세계는 경험적인 자연의 한 특수적 양상이 아니라 그것 위에 겹쳐져 층위를 이룬다'고 했다 (Durkheim 1965: 261). 여기서 신성성이 '겹쳐져 층위 진다'는 말은 상징과 상징된 것이, '대상의 관념과 상징의 관념'(Durkheim 1965: 251)이 구분된다는 것을 의미한다. 예로 토템 문양은 부족 사회집단과 신성한 존재를 각각 대신한다. 더 나아가 뒤르켕에게 있어서 상징이란 정서를 체현하는(embody) 것이다: '무엇 때문에 우리에게 발생한 감정은 그것을 재현하는 상징에 자발적으로 달라붙는다'(1965: 251). 집합표상에 표현된 개인적 정서들은 집합적 정서가 되고, 반대로 개인의 정서는 오로지 집합표상으로서만이 외면화 혹은 표현된다는 것이다. 이것은 중요한 사안을 시사한다: 사회의 도덕적 권위의 기초가 되는 사회적 정서라는 것의 존재는, 상징이 없이는 '불안정하고 위태로운' 것이다. 상징이 사회의 심장부에 위치하는 것은 오로지 그것에 의하여 개인적 정서가 사회적 층위에서 소통될 수 있고, 역으로 집합표상에 의해서만이 사회의 사회적 정서와 가치가 개인에 내면화될 수 있기 때문이다. 따라서 뒤르켕은 이렇게 적는다: '고로 모든 사회적 삶의 양상과 역사적 순간은 오직 방대한 상징주의에 따라서만 가능하게 된다'(Durkheim 1965: 264).

뒤르켕에게 재현의 기능은 신성성과 특정 토템 대상 사이에 내재적, 본질적, 혹은 식별 가능한 연관이 없는 자의적인 것이지만, 추후에 '근접성에 따른 카텍시스(cathexis)'의 현상에 따라 동기화(motivation)되는 것이다. 원시인은 '그가 갖지 않는 특징을 그가 가장 직접 접촉하는 것의 속성으로 돌린다'. 그런데 이 접촉은 의례 과정의 사례와 같이 '상황 의존적'인 접촉이고 또 '어떤 대상이든 이 기능을 수행할 수 있는 것'이다. 상징은 그것이 탄생한 시점에는 단지 우연히 그것의 대상과 연관을 맺을 뿐이다. 그러나 그것이 토템의 지위를 획득하게 되면 매우 동기화된[2] 상징이 되어 원시 사고체계는 상징과 대상을 동일화하기에 이른다. 이 '전염'은 개인 감정이 집합표상이 됐을 때 어떻게 동시에 신과 부족을 의미할 수 있는가를 설명해 준다. 뒤르켕은 신과 부족이 같다고 말한 것이 아닌 듯하다. 그는 지시체 층위에서의 이동[3] *이후*, 신과 부족이 같은 것으로 느껴진다고 설명하고 있는 것이다.

이렇게 상징을 떼어내어 생각했음에도 불구하고 뒤르켕은 끝내 상

---

2) 여기서 저자는 소쉬르의 동기화 개념을 사용해 뒤르켕의 재현 과정을 풀이하고 있다. 동기화는 기의와 기표의 관계에서 전자가 후자를 결정하는 정도를 의미한다.

3) "이동(transference)"은 기표와 기의의 자의적 관계로부터 매우 동기화된 관계로의 '이동'을 뜻한다.

징을 독립적인 이론적 개념으로 취급하기를 거부했다. 그에게 상징이란 단순히 개인의 외면화된 감정과 사회 권위의 내면화가 상호 관계를 맺는 도구일 뿐이다. 그의 상징의 자의성에 관한 분석은 '사회 안의 기호들'에 관한 독자적 과학을 향한 초기-소쉬르적 단계라기보다 사회형태학과 구분되어 존재하는 상징에 대한 부정의 입장이다. 토템의 정신은 '이 존재를 정신에 재현하는 상징의 글자와 그 존재의 사실과 무관한 상상력이 부여한 외적 외양'을 항상 잘못 판단하고, '세련되지 않았든 정제되었든, 상징과 은유 뒤에는 구체적이고 생생한 실재가 있다'고 했다(Durkheim 1965: 257). 그래서 뒤르켐은 근본적으로 호주 원주민들의 역사의식에 있어 중심적 역할을 하는 추링가(*churinga*)[4)]돌, 의례적 행위 또는 신화적 서사의 형태 등의 물적 기호들의 지각 가능한 형태학에는 관심이 없었다. 집단정서가 어떤 표현 형식 속에 자리하게 되면 그 형식은 종교적 감정의 구심점이 되는 것일 뿐, 뒤르켐에게 있어 형식은 종교적 관념을 표현하지도, 종교적 감성을 구성하는 것도 아니다.

4) 추링가는 호주 중부의 원주민들이 신성하게 여기는 토템을 새긴 나무나 돌 조각물이다.

구조주의적 인류학과 기호학적 인류학에서의 소쉬르와 퍼스

소쉬르의 기호론과 퍼스의 기호학이 각각 차별적으로 인류학에 미친 영향에 관해서는 많은 이야기들이 있었다. 우리 모두 동의할 수 있는 한 가지는 그들의 영향을 자각하는 데에는 시간적인 지연이 있었다는 것이다. 퍼스의 기호학적 글들은 대부분 출판되지 않았었고 소쉬르의 강의록들은 그 유명한 강의들 이후 여러 해가 지나서야 비로소 수집되었기 때문에, 수십 년 동안 기호학과 기호론의 도구들은 인류학적 담론에 도입되지 못했다. 싱어(Singer)는 이 두 개 이론적 모델의 차이가 (경험적 범위를 고정변수로 두고 봤을 때) 기호론의 더 큰 추상화와 기호학의 더 큰 맥락화에 있다고 보았다.

> 소쉬르의 기호 이론인 *기호론*과 퍼스의 기호 이론인 *기호학*의 차이는 상징에 관한 인류학적 연구의 두 가지 다른 방향을 제시한다. 이 방향들의 차이를 구별하는 흔한 방식은, 소쉬르적 연구를 구조주의적, 인지적, 인본주의적인 것으로, 퍼스적 연구를 기능주의적, 실용주의적, 자연주의적인 것으로 특징화하는 것이다. 일단 보자면 이러한 특징화에는 오류가 있다. 더욱 정확한 일반적 특징화를 예비가설적인 수준에서 제안해 본다면, *기호론적* 인류학자는 문화적 상징체계(토테미즘, 신화, 의례, 의식, 친족 용어들)를 사회관계와 개별 행위, 감정의 민족지적 맥락으로부터 추상화된 인지체계로 기술하고 분석하는 데에 관심을 둔다. 반면 *기호학적* 인류학자는 같은 상징체계 연구에 관심을 둘지언정, 그에 관한 기술과 분석을 대인적 관계와 개별 정서 또는 활동의 민족지적 맥락 내에 고정하고 싶어 할 것이다. (Singer 1984: 5-6)

여러 학자들은 이와 같은 일반적 평가에 대해서 특히 기호학과 민족지적 현지조사 간의 적절한 화합이 가능하다는 면에서 동의했다. 기호학과 민족지적 현지조사 간의 적절한 화합이 가능하다는 것은 사회적 삶이 다양한 기호의 기호학적 흐름이라는 의미이고 또한 현지조사 상황에는 (내가 2장에서 다룰 주제인) 해석체들의 투쟁이 관여되어 있다는 의미이다.

내가 봤을 땐 소쉬르와 퍼스 사이의 대조에는 싱어가 지적한 것보다 더 근본적인 역설이 깔려있는 것 같다. 퍼스는 해석체의 상대적 체계로서의 문화 코드에 대한 이론을 발전시키지는 않았다. 그러나 해석의 연쇄적 혹은 나선형적 전개를 의미하는 그의 세미오시스[5] 개념은 사회 행위를 일련된 것으로 이해하는 데에, 즉 실시간적으로 발생하면서 다층위적이며 또 메타기호학적 재현으로부터 투영된 것으로 이해하는 데에 필수적이다. 이것이 인류학에 시사하는 방법론적 의의는 실시간 전개되는 문화 과정들에 대한 관찰자료 그리고 상황 전개 이후 우리가 정보제공자들로부터 제공받는 정보들 사이에는, 부르디외(1990)가 강조하였듯, 체계적인 편차가 존재한다는 것이다. 소쉬르와 퍼스의 상호보완적 관계에 관해서는 그들의 대표적 후학, 클로드 레비스트로스와 밀턴 싱어를 살펴봄으로써 탐구해 보겠다.

자연의 상태에서 문화의 상태로 이행하는 데에 있어 언어의 발명이 주된 역할을 했다는 전제하에, 레비스트로스는 문화적 분석이 언어적 분석의 지침을 따라야 한다는–논쟁의 여지가 충분히 많은–추론에 도달한다.

> 어느 면에서 보나 언어가 체계를 구성하는 그 모든 문화적 징후(manifestation) 중 가장 완벽하므로, 예술, 종교나 법, 그리고 어쩌면 요리나 예절규칙 같은 것을

---

5) 세미오시스는 주로 '기호작용' 또는 '기호과정'으로 번역되고 있다.

> 이해하고 싶다면 그것을 언어적 의사소통양식에 따라 절합된(articulate, 節合) 기호로서 구성되는 코드라 상상해야 할 것이다. (Lévi-Strauss 1969: 150-151)

레비스트로스의 구조주의는 언어, 즉 발화된 말(speech)을 기반으로 하지만 그의 언어에 대한 시각은 일반적인 것이어서 다른 의사소통 코드들도 포함한다. 어떤 코드는 그 주된 코드로서 절합된 언어에 의존하기도 하고, 다른 것들은 언어 코드와 독자적으로 작용하기도 한다. 그러나 이 각각의 광범위한 의미에서의 모든 언어는 '대용을 통해 다른 체계의 언어로 변화, 다시 말해 *번역될 수 있는*'(Lévi-Strauss 1976: 19) 기호체계의 자격 요건을 갖춰야 한다. 레비스트로스는 소쉬르와 야콥슨(Jakobson)의 구조주의적 언어학과 정보 이론에서의 통찰들을 종합해(그는 세계 대전 후 정보에 대한 수학적 이론을 발견한 클로드 섀넌의[6] 뉴욕 옆집에 살았다), 인척의 교환, 경제적 거래, 종교 의례, 신화적 서사와 같은 기호들의 체계 간 유사성과 차이점을 이론화하고자 했다(1976: 9). 그는 또 기호학적 개념을 사용해서 상동(相同)의 의사소통체계들을 구별하려 했다. 말과 친족 동맹을 연속체 양단에 두고 전자의 언어 교환은 순수한 기표작용적 기호로서의(즉, 감정적, 소유적, 혹은 마술적 연계가 없는 사고의 도식 기제들인) 단어의 교환으로, 후자의 친족 동맹은 기호와 '가치'의 구분을 계속 유지시켜주는 여성의 교환으로 분석하였다.

> 말에서 동맹으로, 즉 다른 의사소통의 장으로 옮겨가면서 상황은 뒤바뀐다. 상징적 사고의 등장은 단어들처럼 여성들도 교환되는 것들이 될 것을 강제했을 것이다. 이 새로운 상황에서 한 명의 여성이 두 가지 양립 불가능한 양상으로 보이는

6) 수학자이자 전기공학자 섀넌(Claude Elwood Shannon)은 정보 이론의 창시자로도 불린다.

모순이 극복될 방법이란 진정 단 하나뿐이다. 한편으로는 개인적 욕망의 객체라서 성적 그리고 소유적 본능의 흥분제이면서 다른 한편으로는 타자 욕망의 주체이고 그러하다고 인식되는, 즉 그들과의 동맹을 통해 타자를 결속시킬 수 있는 수단으로 존재하는 방법 말이다. 하지만 여자는 남자의 세계에서 여전히 한 사람이므로 단순히 기호에만 머무를 수 없다. 또 그녀가 기호로 정의된 이상, 기호들의 생산이 가능한 기호로 인정돼야만 한다. 남성들의 결혼에 관한 대화에서 여성은 항상 언급된 것 이상인데, 그 이유는 만약 여성들이 일반적으로 특정 기호의 범주를 재현하고 특정한 종류의 의사소통만이 가능한 상태라면, 개별 여성은–결혼 전과 후 그녀의 재능으로부터 발생하고 또 부부관계라는 이중주에서의 역할을 이행함으로써 지니는–특정 가치를 유지하게 되기 때문이다. 전적으로 기호가 되는 단어와는 대조적으로 한 명의 여성은 하나의 기호이자 동시에 하나의 가치가 된다. 이것이 남성과 여성 간 관계가 그 정서적 풍요로움, 분명 인간 소통세계의 전체를 처음에 침투한 열정과 미스터리를 유지하고 있는 이유이다. (Lévi-Strauss 1969: 496)

두 개의 주요 불변요소가 이 모든 체계에 존재한다. 이 체계들은 모두 토큰(token) 층위에서는 메시지(단어, 여자, 물품, 제물 등)들의 호혜적 교환으로 매개되는 사회적 활동들을 수반한다. 또 타입(type) 층위에서 이 메시지들의 의미는–외딴 외부적 지시대상들과의 동기화 또는 유사성의 관계를 맺음으로 인해서가 아니라–체계적 코드들의 구성원으로서의 기호들이 갖는 위치적 가치로 인해 구성된다. 이 두 가지 근본적 불변자들은 문화 분석이 계속하여 세속적 실재, 주로 기의가 아닌 기표로 기능하는 실재에 근거하도록 함께 보장한다고 하였다.

사회인류학은 연구대상의 상징적 본성을 사실로 상정할 때 일상의 *실재*(*realia*)

> 로부터 학문을 떼어놓고자 하지 않는다. 전부가 기호인 예술이 물질성을 갖는 매개체를 사용하는데 어떻게 그럴 수 있겠는가? 신들을 연구하며 그들의 이미지를 무시할 수 없고, 사제가 제조하고 조작하는 물건과 물질을 분석하지 않으면서 의례를 연구할 수 없는 것이며, 사회적 규칙들을 이야기하면서 규칙에 해당하는 것들을 포함하지 않을 수 없다. 사회인류학은 자신을 민족학의 일부로 국한하지도 않고 물질문화와 정신문화와 독자적으로 분리해서도 생각하지 않는다. 사회인류학은 우리가 정의해야 할 그 학문적 입장과 관점에서 그 하나하나에 똑같이 관심을 둔다. 인간은 상징과 기호로 소통한다. 인간과 인간의 소통인 인류학에서는 두 주체를 중재하는 모든 것들은 상징과 기호다. (Lévi-Strauss 1976: 11)

자연 세계와 사회 세계는 기표가 될 수 있는 것을 무한하게 제공하고, 그것의 '잉여'는 기표를 그것들의 상호보완적 기의와 연관시킬 필요성을 초월한다(Lévi-Strauss 1987: 62). 하지만 레비스트로스의 이론은 토큰 매개와 체계적 가치를 적절히 연결하지 않았기 때문에, 그가 소쉬르로부터 물려받은 말과 코드의 치명적 이분법과 유사한 결과를 생산한다. 즉, 사회적 상호관계에서 역사적이고도 맥락적으로 실현되는 기호인 사례성(eventness)은 그의 이론에서는 체계의 동요 내지는 비기호학적 외부성인 것이다.

> 어떤 문화일지라도 그것은 언어로 시작되어 결혼 규칙들, 경제관계들, 예술, 과학과 종교가 조합된 상징적 체계들이다. 모든 체계는 물리적 실제와 사회적 실제의 특정한 양상들을 표현하고자 하며, 더 나아가 그 두 가지 실제 사이의 연관과 또한 상징적 체계 간에서 일어나는 연관을 표현하고자 한다. 체계들이 그러한 표현을 충분히 만족스럽게 그리고 (무엇보다) 동등한 방식으로 하지 못한다는 사실은 첫째, 체계들은 서로가 완전히 달라 비교 불가한 상태에서 각 체계가 지니는 특유한 기능의 조건들의 결과물이고 둘째, 역사가 그 체계에 다른 체계 요소들을 소

> 개하며 한 사회를 다른 사회의 방식으로 바꾸는 것을 결정하고, 개별 체계의 상대적 진화 흐름에 고르지 못한 간격들을 만들어낸 결과이다. (Lévi-Strauss 1987: 16-17)

레비스트로스가 그의 기호론적 가치가 지시가 아니라 체계에서 나온다고 주장하는 바를 입증하는 데에 필요로 했던 것은, 기본 구성단위가 의미론적으로 동기화된 문화적 현상이 아니라 순전하게 위치적인 문화적 현상, 즉 단위가 어휘소가 아닌 음소와 유사한 경우였다. 이 필요에 부합한 현상이 신화이다. 신화적 요소 혹은 '신화소'의 경우, 유의미성은–서사적 연속체의 일부로서가 아닌–계열적 집합 내의 위치에서 획득되는 것일 뿐 아니라, 신화는 전체적으로 시공간적 구분을 넘나들며 지속적으로 변형할 수 있기 때문이다.

바로 이 사례와 체계의 관계가 레비스트로스의 사회유형분류 기본유형인 '야생의 사고'와 '과학적 사고'를 제공한다. '야생의 사고'는 역사적 우발성이 문화적 분류체계에 미치는 충격을 저지하도록 작용하는 인지 양식이고 '과학적 사고'는 역사적 과정을 발전의 원칙으로서 내면화하는 사고이다. 문화의 기호론적 성격에 관한 보편적 정의를 이처럼 내린 후, 레비스트로스는 당연히 이 유형론적 대립을 기호학적 현상을 통해 드러내 보고자 했다. 그래서 레비스트로스는 『야생의 사고』(*The Savage Mind*)의 서문에서 기호 자질이 지각의 대상(즉 감각적 지각)과 연관되는 것으로, 또 개념(즉 기의)이 비교의 메타언어를 제공하는 것으로 설명한 것이다.

> 이미지와 개념 사이에는 하나의 중간물(intermediary), 즉 기호가 있다. 소쉬르가 특정 범주의 언어적 기호를 이미지와 개념의 결합(link)으로 소개했듯이, 기호도 늘 같은 방식으로 정의될 수 있기 때문이다. 이렇게 만들어진 합체에서 이미

> 지와 개념은 각기 기표와 기의의 역할을 하게 된다. 구체적인 독립체로서의 기호는 이미지와 유사하지만, 기호의 지시적 능력은 그것이 개념과 유사하도록 한다. (Lévi-Strauss 1966: 18)

레비스트로스는 엔지니어와 신화 이야기꾼을 대조하며 각기 관념적 기의와 지각적 기표를 지향한다고 설명한다. 엔지니어는 알려진 현실에서 최대로 투명한 기호들을 사용하려 하고, 신화 이야기꾼은 이전 신화들의 잔해들로부터 새로운 서사를 끊임없이 만들어낸다.

레비스트로스는 그러나 신화적 사고방식과 과학적 사고방식의 차이가–타일러(E. B. Tylor)로부터 레비브륄(Lévy-Bruhl)까지 다수 학자의 이론에 필수적 요소였던–다른 사회유형 간의 합리성의 정도의 차이를 의미하는 것은 아니며, 단지 다른 종류의 합리성을 의미하는 것이라고 조심스레 지적했다.

> 야생의 사고를 인류가 전에 볼 수 없던 소모적인 상징적 야망, 전적으로 구체성을 지향하는 꼼꼼한 주의, 그리고 마지막으로 이 두 가지 태도가 결국 하나라는 절대적인 신념으로 정의할 수 있다면, 그것은 분명히 이론적 관점에서나 현실적 관점에서나–콩트(Comte)가 그 사고에 불가능하다고 여겼던–바로 이 '지속적 관심(sustained interest)'에 기초하기 때문이다. 한 인간이 관찰하고 실험하며 분류하고 또 이론을 제시할 때, 그는 예측 불허의 가능성이나 임의적 미신에 이끌려 그러는 것이 아니며 … 문명의 예술성을 발견함에서 그런 부분들을 요인으로 취급하는 것은 순진함일 것이다. (Lévi-Strauss 1966: 220)

더 나아가 진화론적 실증주의의 오명을 피하고자 레비스트로스는 각 사고방식의 사례들을 다른 종류의 사회에서도 쉽게 찾을 수 있다고 주장한다. 산업화된 사회에서 손 가까이 있는 한정된 재료들로 작업하는 유명한 손 재주꾼 브리콜뢰르(*bricoleur*)가 '야생의 사고'를 징후 한다면, 과거의 물질적 구현인 신성한 대상 추링가는 호주 원주민들에게 통시적 변화 또는 '순수 역사성'을 지표 한다. 이 상호유사성은 물론 영리한 분석이긴 하다. 그러나 자세히 검증해 보면 허점이 드러난다: 우선 이 대조는 과학적 세계에서 지위가 낮은 브리콜뢰르를 토착 종교에서 가치가 높은 추링가와 대비시켰고, 둘째, 추링가가 과거를 지표하는 것은 그것이–현대 아카이브에서[7] 그렇듯 과거를 언급해서가 아니라–과거로부터 시간상 분리되었기 때문이다. 셋째, 연대적으로 정리된 아카이브가 역사적 시간의 흐름을 표시함에 반해, 추링가는 현재와 과거 사이의 동일성을 만들기 위하여 작용한다.

이와 같이 유형론적으로 부적절한 기호작용의 이례적 사례들에도 불구하고 레비스트로스는 상징주의에 근거한 사회 유형과 지식에 근거한 사회 유형의 기본적인 구분으로 결국 되돌아간다(Márkus 1984: 112 참조).

> 그래서 인간 정신의 역사에는 특징적으로 불연속적인 상징주의와 연속성의 특징을 지니는 지식 간 근본적 대립이 있는 것이다. … 지식, 즉 특정 기표 양상들과 특정 기의 양상들을 서로 참고해 봄으로써 동일화를–심지어 기표 전체와 기의 전체에서 상호적 합의를 가장 잘 드러내 주는 부분들을 우리가 선택–할 수 있게 해 주는 지적 과정은 이제 겨우 느리게 시작된 데에 반해, 기표와 기의의 두 범주는 동시에 그리고 독자적으로 상호보완적인 단위들로서 구성되게 되었다. (Lévi-Strauss 1987: 60)

요약하자면, 레비스트로스의 시도는 음운론적 분석의 최신 지견들과

7) "아카이브(archive)"는 '기록 보관소'라고 번역할 수 있다. 여기서는 문맥의 의미를 살리기 위해 원어 발음대로 표기한다.

정보 이론을 통한 소쉬르적 언어학 정신의 갱신이었다. 단어, 사물, 그리고 여자는 기호학적 토큰들이지만 그것들은 '오로지 암시와 배제의 내적 법칙들에 규제받는 체계들에 속함으로써 토큰 기능을 할 수 있는 것'이었다(1976: 18-19).

클리포드 기어츠의 해석인류학은 레비스트로스의 구조주의에 의식적으로 반대하며 발전되었다(Geertz 1983: 12). 이것은 또한 기어츠가–그가 '사회 안의 기호들의 삶'이라는 소쉬르의 유명한 강령적 문구를 인용 없는 참조한 것을 포함하여 소쉬르적 용어들을 지속해서 사용했음도 불구하고–레비스트로스의 이론적 기저를 이루는 소쉬르적 원칙들에 반대하며 발전했다는 것이다. 기어츠는 해석학적 전통에서 그의 방법론적 기반을 마련하고자 유럽대륙의 소쉬르적 전통으로부터 막스 베버(Max Weber), 알프레드 슈츠(Alfred Schutz), 수잔 랭거(Suzanne Langer), 케네스 버크(Kenneth Burke), 워커 퍼시(Walker Percy), 폴 리쾨르(Paul Ricoeur), 루트비히 비트겐슈타인(Ludwig Wittgenstein)과 같은 사회사상가, 철학자, 그리고 문학 비평가들에게로 눈을 돌렸다. 인류 진화에 있어서 상징적 능력의 역할에 관한 초기 논문들을 보면 그는 대상에 상징적 의미를 부여하는 능력이 원인(原人, proto-human)의 주된 적응적 장점으로 작용했지만, 생존에 있어 상징적 또는 '외적인(extrinsic)' 정보에 의존하기 시작한 이상, 다시 유전적 또는 '내적인(intrinsic)' 정보에 의존할 수는 없다고 주장한다. 기어츠는 더 나아가 '공공의 상징적 구조들'(Geertz 1973: 83)에서 펼쳐지는 상징 능력의 발달은 인간의 생물학적 특성 진화에 중요한 피드백으로 작용했다고 말한다. 인간은 문화에, 탤컷 파슨스(Talcott Parsons)의 기호학적 정의를 따라 '학습된 신호와 기호의 의미망'(Geertz 1973: 83, n. 72)에, 그야말로 의존적이라고 보았다.

기어츠는 구상을 위한 표현 도구로서의 상징이 결합하여 문화 '텍스트'를 형성하고, 다시 이 텍스트들이 안정된 메타문화적 담론들을[8] 제공하게 되면서 사회구성원들은 그들의 문화를 비로소 성찰할 수 있게 된다고–텍스트를 통해 사회구성원들은 '자신에게 자신을 재현'(Geertz 1976: 225)할 수 있게 된다고–지적했다. 이제 고전적 민족지 사례들로 꼽히는 연구들에서 기어츠는 문화 텍스트–넓은 의미에서 사회의 자기해석을 지향, 조직, 각색, 또는 구성하게 하는 모든 사회적 산물을 포함–가 추상적이고 공식적인 기제들로서, 기저에 깔린 생성 법칙 또는 변형법칙으로서, 또는 보편적이고 전형적인 패턴들로서가 아닌 역사적으로 특수하고 맥락적으로 실현되는 문화 실천들로서 분석되어야 한다고 주장한다. 민족지적 탐구의 주된 대상으로서의 상징체계는 문화 고유의 해석적 모델과 이론을 전적으로 참고한 분석적 해석을 요구하므로, 악순환적이 아닌 해석학적 순환의 경로를 따라 인류학자는 사회주체들과 어깨를 나란히 하게 된다는 것이다(Geertz 1983: 69). 그러나 기어츠는 그 자신의 이 방법론적 공리를 사용함에 일관성이 없다. 기어츠의 1957년 처음 출판된 자바의 그림자극에 관한 해석은 극적 행위와 개인의 내적 삶의 주관적 혼란에 관한 유사적 병렬(parallelism)을 조리 있게 설명한 학교 교사의 말에 거의 전적으로 의존했다(Geertz 1973: 138; cf. Keeler 1987). 반면 발리 닭싸움에 관한 분석에서는 닭싸움이 발리인들의 고정화된 계급 체제에 대한 이해를 구성하는 예술이라는 그의 해석을 뒷받침해주는–원주민 이데올로기에 상응하는–직접적으로 표현된 그 어떤 증거도 없다(cf. Crapanzano 1986: 74).

기어츠가 '상징인류학'의 아버지라는 데에는 의심의 여지가 없고 또

---

8) "Discourse"는 인류학에서 통용되는 '담론'으로 번역하였다. 간혹 매우 구체적인 또는 미시적인 대화나 이야기 상황이 문맥에 전제될 경우, '담화'로 번역하였다.

그가 문화의 '기호학적' 정의에 대해 지속적인 언급을 한 것도 사실이지만(Geertz 1973: 24, 29-30), 그는 현재 급속도로 발전 중인 기호인류학의 분야에는 영향을 주지 못했다. 그의 논문들은 기호 관계들의 유형과 분류에 대한 전문 지식의 발전에 이바지하지 못했고 그의 민족지는 기호학적 코드들의 구조를 전제된 해석체 체계들로서 탐구하는 데에 실패했다. 그의 해석학적 방법론은 기호학적 인식의 내재적 한계에 관한 그 어떤 자세한 원칙도 제공하지 못했고, 그의 텍스트적 매개에 의한 자기 이해에 대한 주된 관심은 상징이 특권적 사회지위를 가지지 못한 사람들의 이해를 제한, 혼란, 통제시키는 방향으로 조작되어 강한 영향력을 발휘하는 방식들을 무시하도록 했을 뿐이다. 그래서 기어츠의 '기호와 상징의 박물학, 의미 전달체들에 대한 민족지학'(1983: 118)은 진정한 의미에서의 기호인류학의 서막일 뿐이다.

'기호인류학'이라는 명칭은 1970년대 중반 시카고 대학교의 밀턴 싱어에 의해 만들어졌다. 그는 기호인류학의 등장이 인류학 내에서 사회(즉 제도, 사회집단, 행동 규범)와 문화(즉, 언어처럼 코드화된 의미체계) 사이의 관계를 정의하려는 보다 일반적인 이론적 맥락에서 시작되었다고 했다. 소쉬르적 기호론은 문화 코드에 대한 형식적 또는 구조적 분석으로 이어지기는 한다. 그러나 그것은 지시되는 외부 세계와 해석하는 자아라는 민족지적 이론에서의 두 개의 필수요소를 괄호로 묶어버린다(cf. Umiker-Sebeok 1977). 소쉬르의 기의 개념은 표현적 형식–규칙성과 상호 연관되는 타입–층위의 인지적 독립체이고, 말의 해석이라는 실시간적 행위는 가상의 관계 체계에서의 의미 생성 가능성에 관한 연구를 위해 무시된다. 싱어는 인류학이 이러한 시각에서 벗어나 퍼스의 대상과 해석체의 개념들을 활용하기 위해 소쉬르의 기호론이 아닌 퍼스의 기호학을 사용할 것을 주장한다.

> 그와는 반대로 기호인류학에서는 기호학 이론의 틀 안에서 그러한 언어 외적 관계들을 다룰 수가 있다. 이것은 *기호학적인 인류학은 곧 화용론적인 인류학*이기 때문이다. 기호인류학은 기호의 체계가 그것의 의미, 지정된 대상, 기호 사용자들의 경험, 그리고 그들의 행동과 어떻게 연관되는지에 관한 이론을 담는다. (Singer 1984: 50)

더 나아가 싱어는 소쉬르의 언어적 가치의 추상적 체계에 관한 연구로부터–의미사슬의 단계마다 기본적 기호학적 '대신하는(standing for)'의[9] 관계가 더 구체적인 재현으로 드러나는–해석의 사슬 과정인 세미오시스 연구로의 전환이, 개인 정체성의 개념을 진정한 대화적 과정으로서 연구할 수 있는 방법론을 제시한다고 보았다. 퍼스는 명제와 그것에 관한 것이 결합함에 있어 지표기호의 역할을 매우 강조하였다. 싱어가–인칭 대명사에서 특히 잘 드러나는–지표성과 정체성 간 중요한 결합에 관해 제대로 파악한 것이다(Singer 1986: 357).

이와 유사하게 퍼스의 일차성, 이차성, 삼차성의 존재론적 삼원체(triad)는 싱어에게 국가적 차원에서의 정체성에 관한 비교문화연구의 형식적 모형(model)을 제공한다. 싱어의 1981년 『인도 정체성의 기호학에 대하여』(*On the semiotics of Indian identity*) 논문은 이 퍼스 범주들과 인도의 국가 정체성을 가리키는 특정한 민족지적 사실 간 상동 관계를 논하며, 국가 정체성이 국기, 동상, 문양 등을 통해 공포되는 것이 아니고 문화적 연행(performance, 演行)에 존재하며 그 자체가 다시 해석적 견해나 교리적 해석의 대상이 되는 상징적 재현물에 의해 드러난다고 서술한다. 싱어는 정체성의 세 층위, 즉 크리슈나

9) 퍼스 기호학에서 "standing for"는 기호체-대상의 관계를 풀이하는 용어로 '의미하는'으로 순화시킬 수도 있다. 여기서는 더욱 자세히 '대신하는'으로 번역한다.

(Krishna) 예배의 열성 신도들이 박티(*bhakti*, 또는 신애 信愛)라 설명하는 느낌의 연속성, 인도 마드라스 산업가들이 카르마(*karma*)라 명명한 행위의 연속성, 그리고 명상 텍스트들에 대한 비의(esoteric, 秘義) 해설자들이 즈냐나(*jnana*)로 표현하는 사고의 연속성을 발견했는데, 그는 이와 같은 자신의 민족지적 분석에 문제가 있음을 알고는 있었다:

> 이 상징적 재현들에 대한 기호학적 해석들은 총체적으로 인도 정체성에 대한 초상화를 제공하는가? 사례의 제한성 그리고 관찰 또는 인터뷰한 사람의 수가 적었음을 고려할 때, 일반화를 위한 자료 기반으로는 매우 파편적이다. 그러나 외삽(extrapolation)의 문제를 표본으로부터의 통계적 일반화가 아닌 퍼스와 같이 한 체계의 조각들로부터 유추(inference)를 도출하는 것으로 이해한다면, 인도 정체성에 관한 일반적 묘사 제공의 가능성은 더 커 보인다. 그러한 가능성의 주된 단서는 인도인 스스로 그들 문화와 사회를 압축된 형식으로 재현하고 그들의 정체성의 자기-이미지로 여기는 상징과 연행을 이미 선별하였다는 것이다. (Singer 1984: 182)

반면 싱어가 발견하지 못한 것은 이 세 층위 모두에서 매우 흥미로운 하나의 기호학적 규칙이 작용하고 있다는 점이다: 연행의 화용론–즉, 종교적 헌신, 기업가적 행위, 텍스트적 매개–은 상대적으로 더 탈맥락화된 기호학적 담론에 의해 편제됨을[10] 그는 알지 못했다. 예를 들어 종교적 예배가 실연(enact, 實演)하는 크리슈나 이야기는 그들이 갖는

10) "Regimentation"을 '편제화'라고 번역하였다. 원저자는 학술지 『Signs and Society』의 편집강령에서 이 개념을 "명시적 또는 암묵적으로 규정, 구속, 혹은 메타기호학적으로 기호구조들과 과정들을 재현함으로써 해석적 의미의 생성을 제한, 금지, 또는 구체화하는 권력적 사회 행위들"로 풀이했다.

대인 감정의 도상적 형판으로서 기능하고, 산업지도자들이 자신의 사업적 성공을 이해하는 방식은 고대 힌두교적 관점에서 카스트제도의 불평등에 관한 시각과의 지표적 연결을 통해서이며, 또 우파니샤드(Upanishads)의 해설자들은 명제적 상징으로서 주요 의사(pseudo-, 疑似)주석인 '네가 그것이다(Thou art that)'(사람을 가리키는 지표를 장소의 지표와 고상하게 균형을 맞춰주는 수행적 발화)를 재공식화한다. 사회적 행위나 담론은 그것이 어떤 문화의 것일지라도 감정, 행위, 그리고 사고라는 보편적 범주들로서 해석 가능하다. 인도와 미국의 국가 정체성 간 상대적 병렬은 싱어의 주장과 같이 감정, 행위, 사고의 삼원체의 민족지적 실현에 있는 것이 아닌, 화용론적 사실들의 텍스트적 이해에 관한 규칙적 패턴에 있는 것이다.

문화적 세미오시스에 관한 화용론적 이론

이제 이 절에서는 싱어에 의한 상징인류학으로부터 기호인류학으로의 전환에 관한 현대적 예시들이 적어도 다음과 같은 연구목적들을 동반함을 설명하고자 한다. 이 연구목적들은 마이클 실버스틴의 이론적이고 경험적인 논문들에 기반을 두고, 또 그로부터 영향을 받은 학자들의 논문들에서도 드러나고 있다(cf. Mertz 1985). 기호인류학으로의 전환은 최소한 (1) 소쉬르적 분석에서의 상대적 동기화의 축 또는 퍼스의 삼분법에 의거하는 기호관계 양상에 관한 더욱 정밀한 탐구의 수행을 지향하고; (2) 기호체(sign vehicles) 혹은 표상체(representamena)의 형식적 특징에 관해 지속적 관심을 둠으로써 데이비드 슈나이더(David Schneider)의 영향을 받은 다수 상징인류학 연구들이 전개하는 탈구체화된 '문화적 의미' 분석을 지양하며; (3)

습관적, 실시간적, 지표적 세미오시스에서부터 실천의 사후 성찰, 탈맥락화되고 비의적인 메타기호학적 이해까지의 전반에 존재하는 분명한 인식의 시점들(moments of awareness)을 설명하고; (4) 화용론적 코드 구조에 관한 관심 못지않게 코드 화용론에 관심을 두며; (5) 문화의 모든 기호체계를 연구함에서 언어 모델을 특권화하지 않고; (6) 다른 기호이데올로기의 다양한 맥락적 결정에 관해 민감하려는 연구목적들을 지니고 있다.

이 문제들에 관한 인류학적 언어학자인 실버스틴의 접근법을 소개하기 위해 퍼스와 소쉬르의 풍부한 조합을 통해 발전된 그의 몇 가지 논지들을 제시한다.[3] 실버스틴의 언어 이론은 사회적 행위와 물질문화 자료들과 같은 비언어적 기호체계들의 연구에 대단히 중요하다. 그 이유는 그가 구어의 독특한 성질들의 범위를 세심하게 정한 방식이 비언어적 기호의 연구에 큰 시사점을 제공하기 때문이다. 그의 학문적 입장을 소개하는 가장 간결한 방식은 어쩌면 리쾨르(1984)의 유명한 격언을 도치시켜 보는 것일 수 있다. 리쾨르가 사회적 행위를 하나의 텍스트라고 했다면, 실버스틴에게는 언어가 곧 사회적 행위이다. 다른 말로 풀이하자면 실버스틴은 언어의 구조적, 기능적 규칙성을 문화적 삶의 다른 영역들로 옮겨 설명하는 대신, 어떻게 언어가 나머지 사회 행위들과 같이 맥락-특수적인 목표 행동에 내포되는가를 설명한다.

실버스틴은 일차적으로 '소쉬르적 코드 원리'라 할 수 있는–언어의 의미론적 체계가 구문 맥락을 가로지르는 언어 형식들의 탈맥락적 등가관계의 집합을 제공한다는–설명을 수립한다. 그리고 이차적으로 '퍼스적 담론 원리'라 부를만한–언표는 (순수 지표, 담론 지표, 그리고 지시적 지표 혹은 전환사(shifters)를 포함하는) 지표기호들의 양방향성 때문에 화용론적 전제(presupposition)와 함의(entailment) 모두를 갖는 실시간적이고 맥락적인 실연(實演)으로 생산되고, 그 후

기표로 소멸하며, 다시 차후 담론의 대상으로서 채택되어 사용된다는–설명을 제공한다.

> 화용론적 영역에서 우리는 실제 언어사용 사례들에 대해 지대한 관심을 두고 있고, 할 수 있는 한 그에 관한 일반화를 시도한다. … 화용론은 따라서 외연(denotation)적 기호와 비외연적 기호 모두를 포함하는 지표적 의미의 기호학적 영역이다. … 실시간적 담화적 상호작용에서 하나의 지표기호는, 어떤 토큰의 영원히 이동하는 현재-여기(here-and-now)의 시공간적 발생점으로부터 그것의 전제되는 '맥락' 그리고/또는 함의되는 '결과'까지–물론 기호학적 맥락 '내'에서–가리킨다. (Silverstein 1993: 41-42)

언어가 담론으로서 사회적 효과를 지닐 수 있으려면, 그것을 구성하는 일련의 기호는 반드시 퍼스가 말한 '법칙기호(legisign)'나 '타입'인 관습적 규칙성의 예시(instance)로 *파악돼야만* 한다. 그런데 인지적 규칙성은 오로지 타입 층위에서만 가능하고 의사소통의 사례는 오로지 토큰 층위에서만 가능하다. 이것이 우리의 연구에 시사하는 바는 매우 중대하다. 이것은 우리가 언어체계나 비언어적 코드를 절대로 직접 관찰할 수 없고, 직접 관찰할 수 있는 것은 오로지 담론의 흐름 또는 일반적 규칙성의 특정한 물질적 예시화뿐이라는 것을 의미한다. 물론 의미 분석에 있어 언어의 형식에 관한 논의를 빼놓을 수 없다. 하지만 '의미'란 역사/문화적 모체들(matrices)과 분리되어 분석되거나 또 언표의 특정 실시간적 맥락이나 엔텍스트화(entextualization)와[11] 독립적으로 분석될 수 없는 것이다.

---

11) "Entextualization"은 '텍스트화' 또는 '텍스트화 과정'으로 번역되어 쓰일 수 있으나 여기서는 원어의 의미를 좀 더 유지하고 또 "textualization" 역시 '텍스트화'로 통용됨을 고려하여 '엔텍스트화'로 한다.

그래서 기호학적 기능의 개념에 관한 두 가지 다른 의미의 조심스러운 구분이 요구된다. 타입-층위 규칙성으로서의 특정 기호학적 기능이란 그것이 특정 언어적 의미–지표적(실버스틴의 '화용론적') 의미이든 의미론적 의미이든–를 신호하는 데에 있어 이바지하는 것을 뜻한다. 그리고 언표나 언표 부분의 기능이란 사회적으로 인정된 목적, 즉–항상 그 가능성이 협상 대상이거나 무효화의 위기에 놓일 수 있는–특정 연행이 무엇을 성취하는[12] 데에 하는 기여를 뜻한다. 머츠(Mertz)가 설명하듯:

> 우리는 언어를 그것의 사회적 맥락 내에서 이해해야 한다. 특정 담화 형식들이 사회적으로 유리하거나 해로운 결과를 그 속에 담고 있다는 전제에서 시작해서는 안 되는 것이다. 이러한 시각은 언어와 사회 간 투명성을 전제하는 것이고, 이 같은 전제는 언어와 사고의 관계에 관해 추정된 투명성만큼이나 타당하지 못하다. 언어는 사회적으로 창의성을 갖고 동시에 사회적인 근거를 갖는다. 따라서 우리는 항상 언어가 사용되는 특정 사회역사적 환경을 세심하게 따져봐야 하는 것이다. (Mertz 1992: 183)

언어학자들과 철학자들은 어떤 문법 현상을 명제적으로 작동하는 언어의 의미론적 핵심인 것처럼 분석하려는 헛된 노력을 이어왔다. 실버스틴은 명령법 형식의 경우를 통해 명확한 사례를 제시한다:

> 명령어의 가치는 동의성 시험이나 전제 또는 함의의 시험을 통해 드러나지 않는다. 명령어의 기능은 문화적으로, 화자의 권리와 특권 그리고 청자의 직무와 의무를 상징하는 특정한 언어적 행동의 종류로, 정의된다. 명령과 유사하게 구성된 다

12) 원저자는 이 복잡한 문장을 통해 수행성을 맥락적으로 풀이하고 있다.

양한 언어적 구성 중 어떤 경우들은 우리의 민속적(folk) 믿음 상 '공손한', 다른 말로는 청자들이 우리보다 높은 (또는 의무를 지니지 않는) 지위 관계에 있을 때 사용하는 것들이다. … 이와 같은 사용은 이 기준에서 선별된 문법 규칙에 따라 말 상황(speech situation) 변수들이 어떻게 메시지 형식으로 부호화되었는가에 달렸다. 우리는 이런 방법으로 명령법식 구성들을 설명할 수는 있다. 하지만 명령법식 구성들에 우리가 평서문에 있다고 여기는 명제적 가치를 부여할 수는 없다. 우리가 명령의 전제라고 문화적으로 간주하는 것, 즉 화자의 욕구를 설명하기 위한 그 어떤 기저의 내적 형식들의 사용도 방법론적 탈선인 것이다. (Silverstein 1975a: 165)

의미에의 지표적 기여와 의미론적 기여를 구분함으로써 실버스틴은 소쉬르의 언어 이론이 갖는 여러 역설 중 하나를 이해할 수 있도록 해 준다. 즉, 언어의 심장부에 있는 극단적 자의성의 원리를 가장 잘 드러내 주는 예시가 단어들(즉, 어휘적 최소단위들)인데, 바로 이 단어들은 상대적 동기화나 체계화의 트윈 엔진격인 계열체적 사슬들과 결합체적 사슬들에 의한 가치 생산을 설명하는 데에 가장 부적절한 예시라는 역설을 설명할 수 있게 된 것이다. 실버스틴의 해답은 어휘적 최소단위들의 성격이 근본적으로 화용론적임을 주목하는 데에 있다:

하지만 바로 화용론의 층위에서 외견상 지시적 '실제'의 자의적 말모듬들로 보이는 코드화 과정이 명확해진다. 왜냐하면, *어휘 항목들*은 문법 구성의 의미-지시적 최소단위들로 만들어진 *의미론적 복합체들*의 축약형이고 … 기능적 결과를 예기치 못하게 하는 모든 의미의 *지표적 양상들도 함께* 축약하기 때문이다. (Silverstein 1976: 51)

이 원리는 어휘소들이 하나의 외연적 구성원 관계에 의한 집합(즉, 외연적 지시대상들의 집합) 또는 내포적 속성 규정에 따른 집합으로서 정의될 수 있다는 일반적 시각에 전면적으로 충돌함에 주목하자. 사실 단어는 언어 사용을 통해 누적된 화용론적 침전물(pragmatic sediments)로서 담화에서 전제되므로 그것의 의미는 의미-문법적으로 결정되는 경우가 극히 드물다. 그러나 사용자들에게 단어는 투명도가 가장 높은 것으로 간주되고, 따라서 사용자들은 단어의 지표적 요소들을 체계적으로 놓칠 수 있다(Silverstein 1985c).

덧붙여 밝히자면 한 문화에서 핵심적인 용어들에 관한 언어 의미론적 '의미' 풀이에 터무니없이 많은 민족지적 관심들이 특히 '민족 과학(ethnoscience)' 또는 '성분 분석(componential analysis)'을 표방하는 학자들에 의해서 할애됐다. 한 그룹의 미국인들에게서 *자유*, *자연*, *친족*, *성공*, 혹은 *어머니*의 의미에 대한 합의를 유도한다는 게 과연 가능할지 상상해보라. 그보다는 실버스틴의–어휘소가 문화적으로 배태되어 있을수록 그것의 절대적 의미 구조는 더 빈약하게 되어 형식적으로 어휘소는 보통 작은 단어이며, 분포상 보다 다양한 맥락들에서 사용되고 심지어는 다수의 문법적 역할을 수행할 수 있다는–규칙을 채택하는 게 훨씬 나은 선택일 것이다. 그러한 연구를 진행하는 학자들이 간과하는 것은, 대부분 문화가 문법적 비례를 조건으로 하는 형식과 유사하기보다는 지표적 기호 양식과 도상적 기호 양식, 즉 *문화적으로* '동기화'된 기호 관계에 근거를 두는 어휘소와 비슷하다는 점이다.

> 언어가 유일하게 진정한 [퍼스식] 상징 양식을 지니는 것이라면 다른 문화 매체의 유의미성(meaningfulness)은 당연히 도상적 양식과 지표적 양식의 결합에 더 가깝다고 보아야 한다. 그렇다면 일반적으로 우리는 행동의 '문화적 의미'는 말의 경우를 제외하곤 그렇게 한정된다고 결론짓고, *문화적 서술*을 사회적 분류 집단들이 다양한 종류의 행동들에 대한 상호 교차적이고 주로 모순적이며 애매하

고 혼동되는 화용론적 의미 군들에 의해 구성되는 육중하고 복합적인 화용론적 서술로 보면 된다. … 언어의 작은 부분을 제외하면, 문화는 행동에 관한 도상-지표적 유의미성 체계들의 덩어리이다. (Silverstein 1976: 54)

다시 말하자면 문화적 분석을 언어를 따라 모형화하는 것은 문화가 언어와 같이 다기능적인 화용론적 체계로 다루어지는 때에만 타당하다는 것이다.

언어는 사람들이 그들의 사회적 행위의 유의미성을 이해하도록 하는 주된 도구이다: (1) 언어는 의사소통의 가장 우세한 표현 수단이고; (2) 세대 간 문화 전통의 기록을 원활하게 하며; 또 (3) 다른 기호 체계들을 해석하는 메타기호학적 기능을 수행한다(그 반대인 비언어적 기호체계의 언어에 관한 메타기호학적 해석은 늘 가능한 것이 아니다[Benveniste 1970]). 반면 언어는 원칙적으로 다음의 여러 요인으로 이해를 방해하기도 한다: (1) 화자들은 흔히 화용론적 기호 관계를 의미론적 관계로 오해하곤 하고(Silverstein 1985c); (2) 화자들은 언어의 매개 작용이 세상에 대한 그들의 경험을 형성한다는 것을 일상생활 중 거의 인식하지 못하며; (3) 암묵적 유형들의 규칙성과 워프(Whorf 1956)가 말한 '말하기 방식들(fashions of speaking)'로부터 그들은 문화적 존재론을 규칙적으로 투사하게 되고; 또 (4) 학교와 출판사에서부터 사전과 광고물에까지 이르는 제도적 영향력의 힘으로 화자들은 해석의 활발한 '편제화' 작용에 노출된다. 실버스틴은 인식과 인식의 부재 문제를 언어의 구조적 특징들을 사용해 체계적으로 설명한다:

분절적 지표, 지시적 지표, 상대적으로 전제적인 지표의 경우, 정확한 화용론적 정보를 메타화용론적(metapragmatic) 지시적 발화의 형식으로 알게 되기는 매우 쉽다. 그러나 한 토박이(native) 화자가 메타화용론적 실재가 전혀 없는 비분절적, 비지시적, 그리고 상대적으로 창의적인 형식적 특징을 인식하게 되는 것은 불가능하다고 할 수 있을 정도로 어려운 일이다. (Silverstein 1976: 49)

이렇게 화용론적 또는 지표적 범주들과 그리고 탈맥락적 또는 의미론적 범주들을 구별한 후, 실버스틴은 이 구별을 다시 메타-차원에서 반복하여 메타의미론(metasemantics)–즉, 주석 달기의 예와 같은 의미론적 코드에 대한 이야기–과 메타화용론–즉, 말의 화용론에 대한 이야기–을 구분한다. 물론 담화의 메타화용론적 성격에 관한 학술적 토론은 이차 질서(second order)의 메타화용론이다(Silverstein 1993: 43). 메타의미론과 메타화용론의 두 층위 사이에는 근본적인 불균형이 존재함을 알아야 한다. 메타의미론적 담론은 정의 그대로 의미론적이다. 반면, 메타화용론적 담론은 그 담론의 대상이 화용론적이지 결코 담론 자체가 그와 똑같이 화용론적인 것은 아니다. 혹은, 더 간단하게 말하자면, 메타화용론적 특성화는 그것이 특징짓는 그 기능과 절대 같지 않다는 것이다.

메타의미론적 차원의 지시적 말 사례(speech event)들의 경우, 순수한 지시적 매체로서의 언어는 그 자신의 메타언어로 기능할 수 있다. 반면 언어가 특정한 기능적 양식(mode)으로 사용되었을 때에는 바로 그 기능적 양식의 화용론적 구조를 설명하는 메타화용론적 말 사례들이란 있을 수 없다. 언어의 메타화용론적 특성화는 화용론적 규범들이 묘사 대상들인 지시적 사례를 반드시 구성해야 한다. (Silverstein 1976: 48)

오 제이 심슨(O. J. Simpson) 재판 때 이토(Ito) 판사의 언행에 대한 이야기를 예로 들어보자. 이토가 말은 강경하게 하면서 몽둥이는 약하게 들었다고 말할 때, 우리는 험한 말을 하는 것도 몽둥이를 들고 다니는 것도 아니다. 바흐친(Bakhtin 1981: 59)의 말을 빌려보자면 '패러디된 장르는 그것이 패러디하는 장르에 속하지 않는다'는 것이다. 신호-맥락 관계로 해석되는 지표기호의 실시간적 흐름을 파악함에서 메타화용론적 담화는 그 기호를 '상호관계적 텍스트(interactional text)'로 구성 또는 '편제'한다. 이와 같은 엔텍스트화에는 엄청나게 다양한 비등정형적인(non-isomorphic) 지표적 가치로부터 선정된 특정 가치만이 관여된다.

메타화용론적 담론은 언어 코드에 내장된 메타화용론적 형식들–가장 널리 퍼져있고 민족지적으로도 흥미로운 경우는 아마 말하기 동사들(verbs of speaking)과 수행사(performatives)들–을 이용하거나, 가장 잘 알려진 의례(Silverstein 1977)의 경우와 같이 특정 장르 규정들을 따르고 암시적인 메타화용론적 힘을 지니는 복잡한 패턴의 언어적 표현을 생성할 수 있다. 실버스틴(1981a, b)은 이 '시적'(Jakobson 1960) 구성들(성가, 기도, 연설, 부적, 잠언, 예배 등)은 주로 지표적 도상(indexical icon)의 형식을 갖는다고 주장한다. 즉 기호의 조직적 배열이 상황의 언어-외적 실체(예를 들어 의례적 행렬의 위계질서)와 유사하거나 혹은 언어사례를 재귀적으로 반영하며, 연행 맥락의 어떤 양상을 신호하는 다이어그램적 기호(diagrammatic sign)를 갖는다는 것이다. 따라서 지표적 도상은 기호의 조직적 양상을 향하게 되어 결국 '시적' 또는 '자기동형적(automorphic)' 기호가(Andersen 1991: 305; Birnbaum 1993: 13) 되거나, 또는 맥락의 양상을 향하게 되어 연행된 다이어그램이 될 수 있다.

'시적 기능'은 발화-분절과 발화-분절 사이 지표 관계의 집합으로 구성되는데 이 지표 관계는 (서수적이 *아닌*) 기수적 율격성(metricality, 律格)이 외연적 텍스트

> 에 겹쳐짐으로써 발생한다: 외연적으로 엔텍스트화된 사례는 계량 가능한 특정 언어 특질–음절수, 특정 타입의 구문-토큰의 혹은 표현-토큰의 개수 등–로 계측되고, 그 각 구성단위는 전체 구조 내 모든 다른 단위와 대응해 위치하며, 그러한 많은 율격성의 원칙이 겹쳐짐으로써 텍스트 전반의 건축학적 구조는 결정되는 것이다. … 실제 언어 사용의 사례적 성격을 편제한다는 관점에서 비언어적 맥락은 비중요시되는 편이고, 언어적 맥락–문맥(co-text)–은 이 메타화용론-화용론적 관계 최하층의 사례-분절에서의 형식-토큰 발생과 유관한 문맥적 전제를 완전히 포화시켜버리는(saturating) 경향을 띤다. 외연적-텍스트-내적 형식-토큰들의 율격 정합성(coherence)은 따라서 그것의 담론적 사례-지위의 편제화를 결정하고, 달리 말하면 특별한 메타화용론적 지표성을 통하여 내포된 메타화용론적 기능으로 작용한다는 것이다. (Silverstein 1993: 50-51)

이러한 다이어그램 형식들은 그 형식을 그것의 맥락에 고정하는 방향성이 선형적이기에 대부분 비대칭적이라는 것이 비교문화연구들을 통해 밝혀졌다. 이 시적 형식들은 힘이나 창의성의 원천을 명시적인 메타화용론적 자원들에서 구하는 데에 머무르지 않고 변형이 가능한 그것들의 타입-패턴을 주변 사례에 적용하며, 그렇게 함으로써 그것들은 변형된 토큰이 된다. 나는 비대칭적 다이어그램들이 (2장에서 논하는 사례들과 같은) 민족지적 연구에서 가장 중요한 언어적 대상들과 비언어적 대상들이라고 여긴다. 이 비대칭적 다이어그램들은 또한 동사 유형들에 관한 수많은 구조주의적 분석이 지니는 치명적 오류, 즉 (어쩌면 흔히 결합체적 토큰 층위로 격하시킴으로써 이러한 기호 패턴의 규칙성의 정도를 제대로 이해하지 못하는 데에서 기인하는) 계열체적 혹은 비서사적 관계를 위해 결합체적 패턴화를 훼손하는 오류를 보여주는 추가적 기능을 하기도 한다.

따라서 다이어그램적인 '텍스트적' 조직은 메타화용론적 담화의 한 양식이며 의미론적으로 코드화된 명시적 메타화용론이 부재하거나 그것을 보완하는 경우의 한 양식이다. 명시적 경우와 마찬가지로 암시적인 메타화용론적 담화는 당시 상황에서 지속되는 맥락 내 언어에 대해 논평할 뿐 아니라 흔히 어떤 기호작용이 *실연(實演)되도록*–예로, 신들을 강압하거나, 이단자들을 처단하거나, 황제에게 아첨하거나, 또는 교육되지 않은 자들을 계몽하기 위해–기능한다. '텍스트성'이라는 것이 언어 신호의 고층위적 정합성을 지시한다면 (그래서 쓰인 기록으로 한정된 것이 아니라면), 기호의 형식적 특성들 이외에도 항상 텍스트의 *화용*론과 연관되는 통념적 관례들이 상당수 존재할 것이다. 즉, 비교적 예측할 수 없는 관계가 (의미론적, 화용론적, 메타의미론적, 그리고 메타화용론적 특질들을 포함하는) 텍스트의 형식적 특성들과 텍스트가 성취하는 사회적 기능들 사이에는 항상 존재한다는 것이다.

실버스틴(1996)은 워싱턴 주 야키마 계곡(Yakima Valley)의 와스코-위시람 치누크족(Wasco-Wishram Chinook)의 신화 구술에 관한 매우 고아한 텍스트 화용론적 논의를 전개했다. 신화 구술은 대부분의 미국 북서부 해안 사회들에서 젊은 사람들이 부족에서 우주적 힘의 근원이라 여기는 수호신을 받들 수 있도록 교육하는 매우 고도로 의례화된 교훈적 활동이었다. 일반적으로 이 신화들은 우선 신화기의 관습적 활동들을 묘사하고, 그 후 동사 시제의 미묘한 변화를 통하여 그 활동들이 현재 서사의 청자들에게 갖는 연관성을 알려주는 방식으로 구술됐다. 1905년 여름, 언어학자 에드워드 사피어는 젊은 인디언-흑인 혼혈인 피터 맥거프(Peter McGuff)의 회상담을 녹음했었다. 사피어에게 맥거프는 그가 유년시절 한겨울의 저녁 시간 동안 이어진 신화 낭송 시간에 어른들로부터 꽁꽁 언 강에서 수영하라는 벌을 받지 않기 위해 (늘 성공하지는 못했으나) 늘 졸지 않으려 노력했던 짧은 이야기를 받아 적도록 했었다.

> 오래전 내가 소년이었을 때 나이 드신 분들은 겨울밤에 신화를 이야기하곤 했다. 그래서 나는 거기 앉아 그들의 이야기에 귀를 기울여야 했다. 그들은 내게 이렇게 말을 하곤 했다: '초반부터 잠들면 너는 가서 물에 몸을 담가야 한다. 잠들지 않으면 너는 물에 몸을 담그지 않아도 된다'. (Silverstein 1996: 100)

맥거프는 신화를 듣다 졸면 벌을 받고는, 다시 집으로 돌아와서 불 옆에 선 채 꽁꽁 언 몸을 녹이도록 지시받았다. 여기서 신화, 강에 들어가기, 난롯불 쬐기는 모두 젊은 신체가 수호신의 미묘한 지표들을 인지하게끔 하는 장치들이었다. 이 이야기는 맥거프가 회상에서 깨어나, 사피어에게 본인은 부족 어른들의 신화 구술에 열광했으나 불행히도 결국엔 수호신을 얻지는 못했다고 말하는 것으로 마무리된다.

> 내가 아프지 않거나, 강해지거나, 또는 어쩌면 그냥 수호신이 스스로 필요한 채비를 갖출 수 있도록 그렇게 나는 다루어졌다. 그리고 정말로 나는 어렸을 때 이후로 한 번도 아픈 적이 없었다. 나는 항상 튼튼했었다. 그렇지만 나는 수호신이라 불리는 그 무엇을, 그것이 어떻게 생겼든지 간에, 본 적은 없었다. (Silverstein 1996: 103)

사피어의 출판된 텍스트와 번역에 대한 실버스틴의 재분석은–특정 시제의 전환에 반영된–전통 신화의 텍스트적 이동과 신화 구술과 결부된 관습적 실천*에 관한*(about) 서사의 텍스트적 이동 사이의 놀라운 병렬을 입증한다. 하지만 신화의 경우 결말이 원형적으로 영적인 힘의 현재성에 관한 선언으로 마무리된다면, 맥거프의 서사는 자신이 이 신을 경험하지 못했다는 부정적 고백으로 마무리된다. 실버스틴은 이 반전적 병행성의 텍스트 구조가 다른 사피어의 논문(Sapir 1905)에서의 상황에 관한 메타-층위 다이어그램으로서 추가적으로–맥거프가 신화를 구술하는 어른의 역할을 맡고 사피어는 전통 지식을 완전히 숙달하고자 하는 젊은이가 되어–재해석될 수 있음을 보여준다. 맥거프의 유년기 경험과 비슷하게, 특히나 계곡 지역의 경제와 교육 제도들이 극적으로 변하고 있는 상황에서는, 어린 사피어가 전통 관습들에 대한 이야기를 듣더라도 그 또한 얼어붙은 무지의 강물에 몸을 담게 되지 않는다는 보장은 없는 것이다. 실버스틴도 지적했듯, 사피어는 그가 수집한 신화가 과거를 이용해 현재를 엔텍스트화하는 것이자 동시에 과거의 것이 현재에 실현되는 것임을 알아차리지 못했다.

실버스틴과 그의 동료들은 텍스트의 전체적인 지위에 영향을 주는 몇 가지 사회적 과정들을 확인하였다: (1) *재맥락화*, 즉 주어진 텍스트가 새로운 맥락으로 옮겨지는 과정(2장에서 법 교육학의 사례를 통해 논의할 것이다); (2) *탈맥락화*, 텍스트들이 화용론적으로 얽히게 되는 것에 대한 부인 또는 텍스트들의 문화적 가치가 연행의 맥락에 의존함을 부정하는 과정(예: Povinelli 1993: 51); (3) *엔텍스트화*, 의례적 반복 혹은 웅변조적인 인용과 같은 토큰-층위 발화에서 타입-층위 텍스트성으로의 변형 과정; (4) *상호텍스트화*, 서로를 지지해주는 또는 패러디하는 이미지들로서 (바흐친이 훌륭하게 보여주듯) 하나의 텍스트를 다른 텍스트들과 연결하는 과정; 그리고 (5) *탈텍스트화*, 텍스트의 공식적 지위를 하나의 담론 사례로서 부정하는 과정들이 그것들이다. 보다 일반적으로 말하자면, 어떤 텍스트들은–텍스트의 텍스트 맥락 내 '근거 지움(grounding)'에 관한 이해의 폭이 상대적으로 좁고 수신자들의 텍스트 '읽기'의 가능성에 한계가 있다는 측면에서–다른 텍스트들보다 더 '중심적'(Hanks 1989)이거나 덜 '개방적'(Eco 1979: 51-52)이다. 예로, (1) 하나의 텍스트가 어떤 원형적 텍스트 일군에 속하여 엄격한 해석 규칙들의 대상이 될 수도 있고; (2) 텍스트가 텍스트 생산과 수용에 관한 하나의 결정구조–누가 텍스트의 저자가 될 수 있고, 누가 그것을 말할 수 있으며, 누가 그것을 수신할 수 있는가와 같은 규칙들을 포함하는–내에 위치할 수 있으며; (3) 텍스트가–연행을 공간적, 시간적, 그리고 개인적 변수들로 고정하는–다수의 직시적(deictic) 신호들을 표상함으로써 그것의 맥락에 근거하게 될 수 있고; 또한 (4) 텍스트가 그것이 이해되어야 할 방법을 가리키는 광범위한 메타언어적 프레임에 내포되어 있을 수도 있다. 에코(Eco)는 4중 알레고리적 방법론이 텍스트적 해석의 느슨함을 의미하지 않는 중세의 상황에 대해 다음과 같이 평가하였다:

> 사실 이 상황에 제공된 것은 엄격하게 앞서 형성되고 제정된 해석 방안들이고, 이 정해진 해답들은 저자의 엄격한 통제 밖으로 독자가 나서는 것을 허용치 않는다. … 독자는 이 네 개의 줄로 구성된 문장에서 다른 의미 대신 한 의미에 집중할 수는 있으나, 엄격하게 단일한 목소리를 함의하는 규칙들을 늘 따라야만 한다. … 텍스트적 해석을 지배하는 법칙들은 개인의 모든 행위를 안내하고 결론을 처방하며 그가 그 결론에 도달할 수 있는 수단들을 제공하는 권위주의적 체제이다. (Eco 1979: 51-52)

(이 주제는 4장에서 다시 다룬다.)

실버스틴의 이론에서 경험적 사례들로 넘어가기 전에 마지막으로 짚어보아야 할 점은 텍스트들의 화용론이 하나의 기호학적 또는, 더 자세하게 표현하자면, 하나의 언어이데올로기로[13] 파악되어야 한다는

13) 원저자는 여기에 "linguistic ideology"를 사용했고 이는 '언어학적 이데올로기'로 직역하는 것이 사실 더 정확할 것이다. '언어이데올로기(language ideology)'로 번역한 것은 이 용어가 주로 통용되기 때문이다. '기호학적

그의 주장이다. 그 언어이데올로기는 비교적 고정된 해석적 표준들로 여겨지며, 물론, 다양한 공식적 성격의 문화적 텍스트들이나 교육 혹은 입회와 같은 규정된 사회 실천들 속에서 흔히 엔텍스트화 된다.

> 기호들이 그것이 드러나는 (즉, 드러났던) 전제된 맥락을 가리키거나 그것이 드러나는 (즉, 드러났을) 잠재적 맥락을 함의하는 그 모든 지표적 과정은 어떤 메타화용론적 기능에 의존해 그것의 확정성(determinacy)을 성취하게 된다. 예상외로, 세미오시스에 대한 *이데올로기들*의 주요 위치는 그러한 매개 기능적 메타화용론의 구성에–지표기호들의 맥락화를 확정하는, 집단 구성원 자격, 사회적인 조건, 성취된 이해관계 공통성 등과 같은 어떤 사회적 사실에 기초한 이해적인 지위들이나 관점들에 따라 공유된 것으로 전제되는, 관념을 제공하는 데에–있다. … 텍스트적인 말모듬들로 뭉친 지표기호들의 유의미한 흐름에 관한 설명/해석을 불러낼 수 있는 개요들로서의 이데올로기들은 일반적으로 그것들이 해석하는 맥락-내-지표기호들보다 상대적으로 존속한다고 여겨진다. (Silverstein 1994: 315-316)

실버스틴은 언어이데올로기에 관한 두 가지 중요한 관찰을 제시한다. 언어이데올로기는 첫째, 그것들이 해석에 이용되도록 하는 언어적 텍스트나 비언어적 텍스트보다 먼저 존재하기 때문에 계속해서 변화하는 지표적 기호들의 세계에 비해 고정된 또는 '자연화된(naturalized)' 것으로 간주되고, 둘째, 텍스트로서의 기호이데올로기는 보통 공적으로, 특히 의식이나 의례적 맥락에서, 실연(實演)된다.

기호이데올로기의 사회적 효과성은 대개 명시적인 텍스트 문서들보다는 암시적이고 부정확한 추정들로 표현되기 때문에 민족지적 또는

이데올로기'는 통용되는 축약형인 '기호이데올로기'로 번역하였다.

역사적 평가를 하는 것이 특별히 까다롭다(Herzfeld 1981a: 139). 실제로, 내가 봤을 때, 기호이데올로기의 다중적 확정에는 몇 가지 차원들이 있다: 기호이데올로기는 의미를–(1) 사회적 질서 내의 위치에 따라(예: 엘리트 대 일반인, 내부인 대 외부인, 원주민 대 약탈자); (2) 사회적 맥락 또는 사례의 상황변이어(register)에 의해(예: 의례적 대 일상적, 가정적 대 공적); (3) 기호학적 코드 분산에 있어 변두리 또는 주변부로부터 중심부까지의 연속을 따라(Lotman 1990); (4) 이데올로기적 원칙들의 작용을 보다 명시적으로 드러내는 특정 장르들이 있는 장르 구분에 따라(Jakobson 1987: 378); 그리고 (5) 예술적 양식들의 진화에서처럼 시간적 층(layer)에 따라–다중적으로 결정할 수 있다.

II 문화 과정의 기호학적 차원들

2

문화 과정의 기호학적 차원들

이제 지금까지의 추상적 논의들에서 벗어나 기호학적 방법론들을 문화 분석에 적용하는 좀 더 구체적인 논의를 해보려 한다. 여기 그리고 차후 논의에 사용되는 경험적 사례들은 교육학적 목적을 위해 과학적 방법론을 필수적으로 왜곡한 것들을 포함한다. 나는 이론적 개념들을 *명확하게 설명하기* 위해서 문화적 자료들을 선별적으로 사용할 것이다. 그러나 그 개념을 설명하기 위하여 어떤 현상이 사용될 수 있다는 사실이, 그 개념이 타당하다거나 자료들에 대한 충분한 설명이 된다는 것의 증거가 되지 않는다는 점은 명백하다. 즉, 과학적 글에서의 개념들은 항상 해석체의 지위를 갖지만 여기서 논의되는 경험적 자료들은 나의 담론의 기호들과 기호적 개념들의 대상들로서 기능한다는 것이다.

현지(the field)의 기호

대다수의 민족지적[1] 현지조사자는 예비 교육과정 중 기호학적 개념들에 관한 공부를 하지 않았을지라도 '생소한 땅의 낯선 사람'으로서 현지에 발을 내딛는 순간 실천기호학자가 된다. 그 이유는 그곳에서 마주치는 문화적 혼돈의 상황이 그들이 표현 형식과 기의적 의미 사이의 간격을 객관화해야 하는–분명 그 당시 상황에는 결코 즐거울 수 없는–온전히 성찰적 입장을 취하도록 만들기 때문이다. 다른 사회의 문법 체계와 문화적 코드들을 수집하는 어려운 작업은 인류학자가 오류들과 오해들로 가득한 가설적 혹은 가추법적(abductive) 유추들을 사용하는 어린아이 같은 역할을 하도록 한다. 서태평양의 벨라우(Belau)에서의 첫 몇 개월간 나는 공간 직시어(deixis)를 잘못 사용하여서 누군가가 내게 '이리로 오라'고 했을 때 '저기'로 갔고, '저리로 가라'고 했을 때 화자를 향해 갔다. 퍼스의 대인 민감성은 그다지 높지 않았던 것으로 알려졌지만, 그는 외국에 나갔을 때는 더 나은 논리력을 발휘했다:

> 한번은 터키 어느 지방의 항구도시에 도착하였다. 거기서 내가 방문하려던 집으로 걸어가던 중, 나는 한 남자와 마주치게 되었다. 그는 말을 타고 있었고, 네 명의 기수들이 그의 머리 위로 캐노피 천막을 들며 그를 에워싸고 있었다. 나는 그와 같은 귀빈 대접을 받는 사람은 그 지방의 지사밖에 없을 거로 생각했으므로, 그가 주지사일 것이라고 유추했다. 이것은 가설이었다. (*CP* 2.625, Sebeok

---

1) "민족지학자(ethnographer)"는 (민족지적 방법론을 사용하는) '인류학자'와 같은 말로 사용된다. 덧붙이자면 인류학에서 민족지라는 용어는 인류학적 현지조사 '과정' 그리고 그러한 연구의 '결과물'(즉, 저서, 논문) 모두를 지칭하는 데에 사용된다.

1981: 44에서 인용)

기호학적 민감성이 높아지는 현지조사의 맥락에서 문화는 민족지학자의 교육이라는 암묵적 *아비투스*(*habitus*)로부터 나오며–이것은 우리 문화에 존재하는 코드들에 관한 비기호학적, 자연주의적 태도들에 의해 같은 수준의 단호함으로 부정되는 사실이지만–어쩌면 처음으로, 활기찬 힘이 된다. 따라서 발화, 몸짓, 물질 대상들의 의미를 이해하지 *못하는 것*은 공유된 코드들의 중요성을 인식하는 첫 단계가 된다. 연구가 훨씬 더 진행된 단계에서 인류학자가 연행의 규칙들이 (그 코드가 어떤 것일지라도) 대개 맥락적 적절성, 유표성(markedness) 관계들의 전략적 조작, 복잡한 장르적 제약들의 문제들임을 깨달았을 때, 인류학자는 스스로는 알지 못하더라도 이미 퍼스 학자의 길을 걷고 있는 것이다(Herzfeld 1983). 나에게 아이러니한 것은 조사 방법론으로서의 현지조사와 문화 분석에 대한 분석적 접근법으로서의 기호학 간의 뚜렷한 우연적 일치에도 불구하고, 소수의 인류학자만이 명시적인 기호학적 경향을 글쓰기에 채택했다는 것이다.[4]

초기 민족지적인 연구 두 개가 비교문화적 접촉이 본질적으로 기호학적 성격의 것임을 잘 보여준다. 하나는 쉬머(Schwimmer 1983)가 예리하게 분석한 16세기 브라질을 방문한 프랑스인 장 드 레리(Jean de Léry)의 이야기이다(cf. de Certeau 1988). 문화 연구의 노동을 진행하기에 너무 지친 상태로 투피남바(Tupinamba) 마을에 도착한 그는 먼저 낮잠을 청했다. 하지만 그는 한 현지인 때문에 화들짝 놀라 잠에서 깨게 되었는데, 그 현지인이 본인의 손도 아니고 식인의 희생자였던 사람의 절단된 손을 내밀어 그를 깨운 것이다. 이 몸짓을 본인이 곧 식인의 희생자가 되리라는 뜻으로 해석한 레리는 그에게 내밀어 진 물건을 받기 거부했다. 시간이 흐른 후에야 그는 인육을 나눠 먹음이 친밀한 동맹 관계의 기호임을 알게 됐고, 또–이 새로이 터득한 기호학적 지혜가 주관적 불쾌감을 지울 수는 없었으나–인육을 나눠 먹지 않음이 적대성의 기호임도 알게 됐다. 쉬머는 이와 같은 상호문화적 의사소통 오해를 두고 긍정적인 면을 찾는다:

> 레리의 경험이 시사하는 바는 기호학적 인류학의 중요한 특성이다. … 그것은 연구자 본인의 종교적 또는 이데올로기적 믿음들이 그와 동등하게 유의미한 결론들을 도출해내기 힘든 탐구들에 정합성을 제공할 수도 있다는 것이다. 이러한 믿음들은 결코 자료를 왜곡하는 것이 아니라 연구자로 하여 그(녀)가 그것의 부재 시 무시할 수 있었던 것들을 탐구하도록 만든다. 그뿐만 아니라 이와 같은 학습 활동은 연구자와 집단사회 간의 관계에 관한 어떤 성격을 만들기도 한다. (Schwimmer 1983: 115)

두 번째 사례는 서로 의사소통 채널을 개방하는 데에 인색한 영국인들과 뉴질랜드의 마오리들 간의 '유지되는 오해(working misunderstanding)'에 관한 살린스(Sahlins 1985)의 완벽한 논의이다. 1840년대 중반, 마오리 반란군들은 영국 국기가 달린 깃대를 쟁탈하기 위하여 코로라레카(Kororareka)의 영국인 거주지를 공격했다. 마오리의 리더 호네 히케(Hone Heke)의 목적은 그곳의 거주민들을 내쫓는 것도, 국기를 빼앗는 것도 아닌, 투아후(*tūāhu*)라 불리는 신성한 구역을 해체하는 것이었다. 여기서 깃대는 우주론적 남성 원리가 신이 신성과 세속을 경계 짓는 중심축에서 여성적 지구를 관통하는 하나의 사례였고, 마오리에게는 그렇게 유표되는 땅에 대한 소유의 상징이었다. 이와 같은 공격에 영국인들은 그들에게는 여왕과 여왕의 통치권의 상징이었던 국기를 계속 게양하는 것으로 대응했다. 영국인들은 '상징적' 깃대에 대한 지속적 습격을 은폐하기 위해 거주지에 대한

'실제' 견제공격을 늘려나가는 마오리 군사전술을 두고 어리둥절해 했다(cf. Clendinnen 1994).

> 투아후(*tūāhu*) 시설 혹은 신의 집 타푸(*tapu*)는 지구면 위에 천국과 땅이 분리되어 그중 더 나은 부분 노아(*noa*)가 인간의 사용을 위해 남겨진 것과 마찬가지였다. 따라서 [에드워드 쇼트랜드(Edward Shortland)는] '정복되지 않은 땅을 발견하고 소유하는 가족의 족장은'–앞서 말했듯 투아후(*tūāhu*)가 그것의 소유를 나타내는 기호이므로–'땅의 마나(*mana*, 초자연적 힘)라는 것을 얻게 된다'라고 말하는 것이다. (Sahlins 1985: 65)

영국인들과 마오리인들은 기호를 달리 읽고 있었을 뿐 아니라 기호와 시간성의 관계에 관해서도 달리 이해하며 행동하고 있었다. 마오리인에게 역사적 사건들은 신화적으로 예시된(prefigured) 패턴들의 사례들이고, 그것이 어쩌면 그들이 우주론적 합법성의 상징적 행위에 외국인들이 참여하지 못하도록 집요하게 막은 이유일 수 있다. 살린스(1985: 65)의 말처럼 '호네 히케의 전쟁은 그것이 시작되기 전부터 이미 수십 년간 지속하였다'고 볼 수 있다.

이 두 이야기의 차이점에 주목해 보자. 투피남바 이야기에서는 (손이라는) 단일한 표현 형식이 의사소통에의 가능성을 지닌 두 해석자에 의해 (죽음에 관한 위협과 동맹의 유대로) 대안적으로 해석된다. 마오리 이야기의 경우, 같은 물리적 맥락 내의 (국기와 깃대라는) 두 개의 표현 형식들이 (통치권과 소유권이라는) 서로 다른 의미를 할당받는다. 내가 이 간단한 비교를 언급하는 이유는, 모든 사람이 이렇게 늘 기호학적인 행동을 하고는 있지만, 기호인류학자들은 좋은 비교 사례들을 통해 분석적 개념들을 만들려는 의지를 지녔다는 것을 지적하기 위함이다.

이 두 사례를 비교의 대화에의 가능성에 대해 민감하지 못했던 파이오니어(*Pioneer*) 우주선의 환영 표지판 만들기 작업과 대조해 보자. 코넬 대학의 칼 세이건(Carl Sagan)이 홍보한 6×9인치 크기의 이양극산화 처리된 알루미늄 명판에는 우주선, 태양계, 수소 원자 구조 도표, 그리고 14개의 은하계 행성들의 이미지들 위로 벌거벗은 남성과 여성의 선화가 겹쳐 그려졌다. 이 그림의 주된 가정은 외부 실재를 다이어그램 형식으로 묘사하는 시각 이미지들은 비부호화[2] 됐다는 것, 즉 그것들의 지시대상에게 투명하다는 것, 또는 세이건에 의하면 '쉽게 이해되리라 기대되는 과학적 언어로 되어있다'는 것이다. 다른 태양계에서 이 표지판을 보는 이들은 기호의 지시적 양상을 직접 파악할 수 있을 뿐 아니라, 모든 이미지를 조합해서 그 표지판이 ('우리를 가만히 놔둬' 내지는 '교환할 누이는 있나요', 심지어 '우리는 이렇게 생긴 사람들을 먹지'와는 대조되는) '환영합니다'라는 화용론적 의미를 신호한다는 것을 알 수 있다는 생각이다. 그러나 이 해괴하게 구성된 이미지 밑에 추가로 깔린 몇 가지 암묵적인 시각적 관례를 생각해 보자(cf. Gombrich 1982). 여기에는 (1) 삼차원의 세계가 이차원의 이미지로 재현 가능하다는; (2) 우리가 사는 변화하는 세계가 정적으로 그려질 수 있다는; (3) 중력 '상승'은 그림 맨 윗부분에 위치한다는;[3] (4) 어떤 기선이나 지면에 고정되지 않은 물체들은 부유 능력을 반드시 지니는 것은 아니라는; (5) '환영합니다' 손짓의 (벨라우에서는 '너는 가는구나'의) 의미가 보편적으로 고정된 것이라는; (6) (실제 남성과 여성의 크기가 그들이 탈 수 있을 우주선의 20배 크기가 아니

2) "Code"는 쉽게 '코드'로 번역했으나 이곳과 같이 문맥에 따라 '부호'로도 썼다.

3) 파이오니어 명판의 왼쪽 위에는 수소 원자의 초미세 천이(遷移) 개념도가 그려져 있다.

라는) 원근법적 치수의 위배는 중요하지 않다는; 그리고 (7) 그림의 메타소통적 양상은 외연적인 것과 구분 가능하다는, 여러 가지 시각적 관례들이 추가로 존재하는 것이다. 여기서 아프리카 의료계 종사자의 비극적인 이야기가 생각난다. 위의 사례에서와 비슷하게 그는 문맹의 마을 주민들에게 병을 옮기는 벌레에 대하여 알려주기 위해 2피트 크기 정도의 거대한 벌레를 그림 그려 보여줬다. 그러나 마을 주민들은 이 미술 교습을 오해하여 2피트짜리 벌레는 그들의 주거지에서는 알려진 바가 없으므로 걱정할 필요가 없다고 생각했다.

내가 하고자 하는 말은 물론 우리가 다른 은하계의 생명체들로부터 어떠한 소식도 들은 바가 없는 이유가 파이오니어 우주선의 인사 카드가 제대로 해석되지 못했기 때문이라는 주장이 (혹은 그것을 본 수신자들이 너무나도 제대로 해석을 하여 그렇게 기호학적으로 순진해 빠진 사회와는 엮이고 싶지 않다고 생각했기 때문이라는 것이) 아니다. 이 이야기들에서 배울 수 있는 중요한 교훈은, 비교문화 이해에 몰두하는 이들은 기호-의미 관계의 목록을 확장할 수 있도록 준비해야 할 뿐 아니라 그들 자신의 토박이 문화 코드의 암묵적 관습을 객관화할 준비도 해야 한다는 것이다. 비교문화 대화의 거장 바흐친은 이 시사점에 대하여 매우 유창하게 표현한 바 있다:

> 이국 문화를 더 잘 이해하기 위해서는 그 자신의 문화를 버려둔 채 이국의 문화에 가서 그 문화의 눈으로 세상을 바라보아야 한다는 매우 강력하지만 일방적이고 따라서 신뢰할 수 없는 아이디어가 있다. 이 아이디어는 말했듯이 일방적이다. 물론 이국의 문화를 이해하는 과정에 있어 살아있는 개체로서 그 문화에 입장하고, 그 문화의 눈으로 세상을 바라보게 될 가능성은 불가피하다. 그러나 이것이 이국 문화 이해의 전부라면 그것은 복제를 생산할 뿐, 새롭거나 더 풍요롭게 하는 그 어떤 것도 수반할 수 없을 것이다. *창의적 이해*는 그 자신, 그 시간 자신의 고유

> 한 장소, 자신의 문화에 대한 포기를 선언하지 않으며 그 무엇도 잊지 않는다. 이해하기 위해서는 이해하는 자가 그(녀)가 창의적으로 이해하는 대상의–시간적, 공간적, 문화적–*외부에 위치하는 것*이 대단히 중요하다. 왜냐하면, 사람은 자신의 겉모습조차도 제대로 볼 수 없고 그것을 하나의 전체로서 파악할 수 없으며, 그 어떤 거울들이나 사진들의 도움도 받지 못하기 때문이다. 우리의 실제 겉모습은 오로지 타인들만이 보고 이해할 수 있다. 그것은 공간적으로 그들이 우리 외부에 있으며 또한 그들이 *타인들*이기 때문이다. (Bakhtin 1986: 6-7)

이 구절에서 표현된 감정에 대해 내가 품는 일반적인 존경심에도 불구하고, 나는 한 가지 사안을 더하는 것이 중요하다고 생각한다. 그것은, 레비스트로스의 자주 인용되는 언어를 사용하자면, 주로 민족지적인 상호문화적 대화가 대칭적인 혹은 상호적인 '사람과 사람의 대화'가 *아니라는* 점이다. 대화 상대와는 달리 인류학자는 더욱 넓은 기호학적 코드의 비교적인 목록에 접근할 수 있고, 학문 특성상, 그(녀)는 관찰된 사회적 삶의 화용론에 대하여 상대적으로 탈맥락적이고 과학적인 설명을 제공할 것을 요구받는다. 이 차이는 물론 정도의 차이이다. 프란츠 보아스(1942a: 312-315)의 매우 적절한 주장처럼, 많은 문화에 공식적 전문가 또는 비의(秘義) 전문가가 존재하고, 소외된 또는 영적 재능을 지닌 사람들이 다른 사회구성원의 일반적 비성찰적인 습관을 뛰어넘는 세밀한 해석에 탐닉하기도 한다. 한 문화의 기호학적 과정들에 관한 대상화, 코드화, 합리화 활동들, 그리고 특히 주목할 만한 사례의 경우 엔텍스트화 활동들은, 주로 비교문화적 경험 때문에 자극된 활동들이고, 실제로는 인류학자의 쉴 새 없는 탐색에 의한 침범의 결과일 경우도 잦다.

하지만 빅터 터너(Victor Turner)에게 은뎀부(Ndembu) 상징의 숲을 기막히게 안내한 원주민 정보제공자 말벌 무초나(Muchona the

Hornet)와[4] 인류학자의 출판된 텍스트 간 기호학적 논의의 차이를 눈여겨보자. 무초나는 터너에게 재빠른 문헌학적 해설과 상징적 해석을 제공하면서도 그 어느 시점에도 터너가 주목할 만한 메타기호학적 영역의 비교는 감행하지 않는다. 무초나는 쿠-솔로아(*ku-soloa*) '가시적이게 하다'와 인지키닐루(*yinjikinilu*) '상징' 같은 기초 민족기호학적(ethnosemiotic) 개념을 사용했고(Turner 1967: 48), 어원 추측 과정에도 관여하였다(Turner 1960: 345). 그러나 무초나는 민족지학자의 상징에 대한 구별–우세적 상징과 도구적 상징(1967: 30)–또는 의미의–욕망의 극과 인지의 극에 따른(1967: 59)–나눔에는 다가가지 않는다. 터너가 지적하듯이 가장 뛰어난 토박이 해설가도 의례 과정에서의 그(녀)에게 국한된 위치를 극복하지 못하고, 그(녀)가 제안하는 해석들은 정보제공자의 특정 사회적 역할을 반영하며, 현지인의 지각은 더 깊은 구체적 상징주의 차원들보다는 명시적 혹은 또렷이 말해진 의미들에 집중하고 있다. 나의 벨라우 연구에 있어 주요 정보제공자였고 엄청난 지식을 소유했으며 상위 계급의 연장자였던 잉기라클랑 말솔 잉기라이부흐(Ngiraklang Malsol Ngiraibuuch)는 풍부한 민족기호학적 어휘들을 구사했고 기호학적 문제들, 특히 올랑(*olangch*) '역사표시물'과 울라우(*ulouch*) '예지적 기호' 간 시간적 선형성의 차이에 관해서도 깊이 있는 사유를 했다. 그는 또 내게 벨라우 문화 담론과 사회 제도상 빠르게 확산하고 있었던 길, 모서리 기둥, 측면, 그리고 연속이라는 주요 기호학적 다이어그램들을 정교하게 해석해 주었다(Parmentier 1985a). 하지만 그는 다이어그램 간 복잡한 상

---

4) 원저자는 여기에서 터너의 제목을 사용하고 있다. 『상징의 숲: 은뎀부 의례의 양상』(*The Forest of Symbols: Aspects of Ndembu Ritual*) 중 「말벌 무초나, 종교의 통역사」(*Muchona the Hornet, Interpreter of Religion*)는 한 장의 제목이다.

관관계의 기호학적 의미에 관한 나의 분석적 가설들 그리고 신화적 서사들에서 드러나는 그것들의 통시적 현저성(saliency)에 관한 가설들에 직접 이바지하지는 못했다.

분석적 담화와 민족기호학적 담화의 차이에 관한 이와 같은 논의로부터, 전자의 경우 후자를 규제하는 기호학적 제약에서 벗어난다는 거짓 결론을 도출해서는 결코 안 될 것이다. 그도 그럴 것이 네기(Nagy 1992)에 따르면 스토아 철학자들에 의해 형성된 기호학 용어들은–본래 영웅의 무덤 언덕을 지시하는 용어이자 죽은 자의 명성을 기리는 기념비적 표지이며 전차 경주에서 회전 지점으로 사용되던 용어인 그리스어 세마(*sema*), 그리고 본래 전쟁에 들고 나가던 군대 깃발을 뜻하는 라틴어의 시그넘(*signum*)과 같이–초기 민족기호학적 개념들로부터 발전하였다. 과학적 담론이 실재의 투명한 재현이라는 주장을 액면 그대로 받아들여서는 안 되는 것이다. 왜냐하면, 투명성이라는 것은, 비록 그것이 맥락적이고 역사적인 요인들 즉 담론의 지표적 근거들을 *부정함으로써* 진실을 내세우고 권위를 주장하려 하는 것일지라도, 텍스트 화용론에 관한 특정한 이데올로기일 뿐이기 때문이다. 비교연구들은 이와 같은 담론의 '탈중심화'가 종교와 법 같은 과학 이외의 권력-지배적 영역들에서 자주 작용함을 밝혀주었다.

후설(Husserl)의 순수한 형식 문법에서부터 비트겐슈타인(Wittgenstein)의 명제 계산, 프레게(Frege)의 개념 표기법, 퍼스(Peirce)의 실존 그래프, 카르납(Carnap)의 일반 논리적 구문론에 이르기까지, 많은 현대의 철학적 성찰들이 세상에 대한 과학적 서술의 완벽한 메타언어를 구성하는 데에 집중하였다(Parmentier 1985c). 공통으로 이 연구들은 순전히 체계 내 기의들의 성질들에 의해 결정되는 관습적 상징주의의 구축을, 바꿔 말하면, 지시에 이바지하지 못하는 감각적 성질들을 갖는 일군의 기표의 발견을 꿈꾼다(cf.

Herzfeld 1986b: 215). 이러한 시각이 표현과 내용을 *단일한* 종이의 양면이라 바라본 소쉬르의 그것과 어떻게 다르겠는가? 반면 퍼스는 양파 벗기기의 은유를 사용하며 양파의 겹들이 같은 생각에 관한 다른 언어적 표현들과 '필요치 않은 우연'으로 비슷하다고 서술했다는 점을 상기하자(*W* 4.7). 소쉬르의 경우에도, 그리고 기호학적 영감을 받은 모든 문화 분석가들에게도, 아직 그 의미가 알려지지 않은 하나의 코드에 정통해야 하는 과제가 있을 때 작업의 대상으로 삼을 수 있는 것은 기호체들의 형식적 특징들 사이의 체계적 관계가 전부이다. 그러나 패턴화된 표현 양식 또한 다양한 방식으로–(1) 창의적 유사 확장 모형을 제공함으로써; (2) 기의된 의미의 본질화된 용기(容器)가 됨으로써; (3) 맥락과 시간상으로 의미작용(signification)이 불변했다는 느낌을 그것의 인지적, 물리적 영구성을 통해 촉진함으로써; 그리고 (4) 사회 내 의사소통적 사회 교환의 실제 토큰 매개체가 되는 방식으로–한 문화의 구성원들을 안내한다.

기호학적 접근법에 대한 인류학적 반응과 거부

현시대 인류학의 문제는, 적어도 내 관점에서 봤을 땐, 문화 분석에 구조적/상징적/기호학적 접근법들을 택한 심도 있는 연구와 분석의 절합(articulation, 節合)이 촉망받는 바로 이때 많은 인류학자가 이러한 접근법들을 포기하고 있다는 것이다. 어떤 인류학자들은 기호와 상징, 메시지와 코드, 텍스트와 변형이 사회 내의 실제 권력관계의 중심점이 아니므로 피해야 한다고 생각하고, 이에 관해서는 푸코(Foucault)가 상당한 반-기호학적 탄약을 제공하였다. 다른 인류학자들은 기호학적 분석 방법이 '딱딱한' 사회과학보다 '부드러운' 문학비평과 유사하고, 따라서 엘리트주의와 상대주의라는 쌍둥이적 비판에 열려있다고 말한다. 사회적 행위를 하나의 '텍스트'로 바라본 기어츠(Geertz)의 상징주의적 접근법과 사회적 삶의 실시간적 선형성을 문화의 표면적 발현들을 뒷받침하는 무생물적인 계열적 묶음들로 대체한 레비스트로스의 구조주의적 접근법이 수많은 반-기호학적 비평의 주된 대상이었다(Ketner 1993 참조). 또, 다른 학자들은 그들이 세미오시스의 근원 기제들을 현지조사와 역사 연구가 필요 없는 고정화된 뇌 구조 혹은 의사소통 능력의 보편적 규제들에서 찾았다고 생각하여 의미작용 체계들에 대한 비교연구를 거부한다. 풍부한 기호학적 자료가 무시되고 있다는 것만이 문제가 아니다. 더 큰 문제는 이 자료들이 적절한 이론화보다는 시장에 의하여 편제된 사유방식을 가진 학자들의 손에서, 기호학 존재 자체를 위협하는 갖가지 환원적 논리들로 설명되어 버려지고 있다는 것이다.

예로 파스칼 보이어(Pascal Boyer)의 『종교적 관념의 자연스러움』(*The Naturalness of Religious Ideas*, 1994)은 그의 이전 저서 『진리와 커뮤니케이션으로서의 전통』(*Tradition as Truth and Communication*, 1990)에서 다룬 주제를 이어받아 특정 종교 현상, 실질적 보편성, 그리고 비교문화적 변이에 관한 분석 대신, 통계적으로 광범위하게 존재하는 종교 관념을 설명해 줄 수 있다고 하는 뇌 인지 기제에 관한 가설들을 제시한다. 보이어는 인간 게놈의 비자의적 패턴이 문화 변이에 있어 '선별적 제약들'로 작용하기 때문에 인지 원인을 근거로 상정한다. 보이어는 특히 사람들이 의례를 행하거나 어떤 믿음을 가질 때, 또는 기도를 낭송할 때, 그것을 일반적 규칙이나 상징적 형식의 예시화라고 보는 주장들을 강하게 비판했다. 마찬가지로 종교 유적들이 그것들을 보존하거나 동원하려는 사람들에게는 의미가 '있는(have)' 물질적 상징들이라는 시각 또한 강하게 비난했다. 종교 행위와 물질 토큰은 오히려 상황적 신호로, 개인의 정신이 통계적으로 패턴화된 재현들에 관여할 수 있게끔 해주는 것이라는 의견이었다. 전통을 다룬 저서에서 보이어는 행위 맥락의 일관적 특질들을 조사함으로써, 세대를 가로지르는 반복된 문화적 실천들의 패턴화에 관해 설명하고자 하였다. 그는 점술 성격의 실천들에 대한 기호학적 해석들을 특별히 선정해 공격하며, 예언적 현상을 '해독'되어야 할 '기호'로 (잘못) 생각하는 현대 이론가들과 실천가들은 르네상스 시대로부터 이어진 대응(correspondence)이나 날인(signature)에 관한 서구식 믿음의, 즉 교차영역 등가성의 연쇄를 사실로 상정하는 기호이데올로기의, 희생자들이라고 주장한다(Boyer 1990: 126, n. 6).

> 트랜스(trance) 또는 빙의 상태의 맥락에서 내려지는 예언적 진단들은 주로 형식적인 기호 체계를 드러내지 않는다. 또한, 더 중요하게는, 기호에 대한 관념이 매우 애매하고, 의뢰인이 알고자 하는 어떤 상황과 그에 관한 진단 간 수립된 근본적 관계에 대해 질문만 하게 만들 뿐이다. … 기호학적 모델은 상황과 진단의 관계에 관한 만족스러운 설명을 제공하지 않는다. 사람들이 진단을 하나의 '기호' 연속체로 재현한다는 것은 하찮거나 그릇된 생각이다. 그것은 참여자들이 진단과 상황의 관계를 기호와 기호 지시대상의 관계로 재현한다는 의미로 받아들여질 수도 있다. 이와 같은 해석에 담긴 생각은 사소하게나마 사실이다. 진단이란 것이 사실 결국에는 닥친 상황에 관한 설명이어야 하기 때문이다. 그러나 무엇에 대한 설명을 할 때는 늘 설명되는 대상을 대신하는 기호들이나 토큰들이 있어야 한다. 반면에 기호학적 해석이 만약 특정 기호학적 특질들과 그것들에 관한 해석 간 체계적 등가성이 점술로 부여된다고 하고 그렇게 하여 문화적인 점술 코드가 존재한다면, 당연히 그 코드는 대부분 거짓이다. (Boyer 1990: 69)

여기서 보이어는 예언과 같은 사회 인습 그리고 다른 의례적인 인습들을 의미론적 방정식의 진리 함수적 논리, 즉 '서술'로 축소하려 하고 있는데, 이보다 더 뒤죽박죽인 기호학적 분석 방법론에 관한 이해를 찾기란 상상하기 힘들다.

문화 분석에 대한 기호학적 접근을 거부한 두 번째 사례로는 폴리네시아에서의 문화접촉 상황을 다룬 가나나스 오베예세케레(Gananath Obeyesekere)의 『쿡 선장의 신격화』(*The Apotheosis of Captain Cook*, 1992)가 있다.[5] 이 사례는 저자가 바로 문화에서의 상징주의의 역할에 관한 선구적인 이론적 논문의 저자라는 점에서 특히나 역설적이다. 『문화의 작용: 정신분석과 인류학에서의 상징적 변형』(*The Work of Culture: Symbolic Transformation in Psychoanalysis and Anthropology*, 1990)에서 오베예세케레는 상징적 재현들에 관한 프로이트식(Freudian) 접근법과 해석학적 접근법의 중간타협점을 '증상(symptom)'–즉, '유년기의 태곳적 동기'(1990: 19)와 긴밀히 연관된 행동, 이미지, 언어적 발화–과 '상징(symbol)'–즉 신화, 의례, 예술, 음악과 같이 개인의 깊은 심리(psyche)에서 탈피해 문화와 역사 차원에서 작용하는 재현들–의 상대적 구분에서 찾고자 시도했다. '문화의 작용'은 재현들이 증상의 극으로 향하는 '퇴행'과 상징의 극으로 향하는 '진행', 이 두 양 방향적인 변형의 과정을 포함한다. 더 나아가 증상은 문화간 차이의 범위가 작지만 상징은 그 차이가 훨씬 더 크게 드러나므로, 증상과 상징의 두 극은 교차문화비교의 차별적 가능성과 연관이 된다(Obeyesekere 1990: 14). 증상들이 심적 과정들과 더욱 직접적으로 연결되지만, 상징들은 자의식과 조작을 가능하게 하고, 바로 이 고조된 인식의 층위가 비교문화적 의사소통을 보조하는 것이다(Obeyesekere 1990: 62).

상징주의가 '종'으로서의 인간의 일부이기는 하지만 모든 문화가 같은 수준의 상징적 정교화를 실천한다고는 볼 수 없다. 오베예세케레는 사실 여러 요인을–퇴행과 진행 과정에 관한 구분된 평가, 증상으로부터 상징까지의 연속체에서 발견되는 재현들의 상대적 자의성, 문화 상징화 일반에 관한 규정된 적대성 정도의 차이–근거로 삼아 잠정적인 문화유형론을 제공한 것이다. (일반적 기호 유형론의 문제는 4장에서 다시 다룰 것이다.) 유형론의 양쪽 반대 끝단에는 '태곳적 동기로부터의 상징적 이탈의 정도를 함의하는 퇴행과 진행의 완전한 이용'이 관찰되는 스리랑카와 '문화 상징주의의 최소한의 이용'이 관찰되는 현대 프로테스탄트주의가 있다(Obeyesekere 1990: 60-61). 실증주의, 기계론, 데카르트 철학(Cartesianism) 등의 다양한 반-상징주의 이데올로기의 수렁에 빠진 서구사회와 대조되는 문화 상징주의에 대한 허용이 높은 사회(예: 스리랑카, 인도, 인도네시아)에서는 '성찰, 인식, 혹은 자의식'에의 가능성이 크다고 볼 수 있는데, 이것은 그 사회 내 진보적 상징주의가 지적 성찰과 철학적 성찰을 권장하기 때문이다(cf. Obeyesekere 1981: 51). 프로이트의 부르주아적 유럽처럼 상징적 표현을 억제하는 서구사회는 일차 심리적 과정과 의식 간 장벽을 세우는 방향으로 움직인다. 따라서 대략 '현실원칙(reality principle)'이 성취를 요구하는 '연행원칙'으로서 가장 우세하게 실현되는 서구사회 그리고 공공영역에서의 공상의 번창함이 허용되고 상징의 발명과 재창조가 개인과 사회활동을 침투하는 아시아사회 간 유형론적 대립을 세울 수 있다(Obeyesekere 1990: 64, 1981: 167 또한 참조).

오베예세케레는 상징주의를 생식능력과 사회적 유대감과 같은 '일상의 실천적 현실'(Obeyesekere 1990: 17)로 축소하는 뒤르켕식 접근법보다, '생물학적 종으로서의 인류의 의미추구에 기반을 둔, 문화의 현상적 성격과 인간 경험에의 의미부여' 측면을 강조하는 베버(Weber)식 접근법을 선호한다(1990: 18). 문화 상징주의의 다양성 때문에 사회과학자는 다른 문화권의 개인들이 똑같은 현실원칙을 따르다고 상정할 수 없다. 일상적 '사회-정치-경제 질서'를 지나 상징적 구성이라는 '더 사실적 실제(reality)'가 존재하고 그 실제는 '경제적 필요와 결핍'의 세계에 의존하지 않는 것이다(Obeyesekere 1990: 76).

정리하자면 오베예세케레는 '상징 형식을 창조하는 공통된 *인간* 능력'을 우리의 인간성의 근거로 보았기에 생물학적 영역과 문화적 영역이 분리되지 않는 인간 본성에 관한 이론을 구축하였다(1990: 103). 여기에서 중요한 점은, 이 상징에의 능력은(더 적절하게는 상징적 필요는) 문화 상징주의의 실제 징후가 심리 생물학적 또는 신경학적인 보편성에 의해 결정된다는 것을 의미함은 아니라는 것이다. 계속해서 강조되어야 하는 사실은 그것이 아니라 '문화는 인간을 그의 본성으로부터 해방하고 그가 자신의 종을 분화하기 위한 또는 세계를 구분짓기 위한 특수한 능력을 갖추도록 한다'는 점이다(Obeyesekere 1990: 102).

오베예세케레는 최근 들어 『쿡 선장의 신격화』에서 18세기 후반 하와이 케알라케쿠아 만(Kealakekua Bay)에서의 사건들에 관한 살린스(1981, 1985, 1989, 1995)의 유명한 해석에 대해 특정 반대 이론을 제시했다. 쿡(Cook) 선장은 원주민들에 의해 로노(Lono) 신으로 이해된 것이 아니라, 그가 합법적인 추장이 되기 위해 필수적인 하와이 추장 계보 내 친족 관계가 당연히 없었고 또 추장 계급의 전임자를 희생시키지 않았음에도 불구하고, 그의 죽음 후, 의례들을 통하여 같은 이름의 하와이 추장으로 추대되었다는 것이다(Sahlins 1992: 21-22 참조).[5] 덧붙여 오베예세케레는 인류학적 해석에 대한 공격을 제시했

5) 덧붙이자면 오베예세케레가 설명한 의례들은 하와이 추장을 추대하는 의례로 이때 추장에게 신의 이름이 부여되었다. 원저자는 이러한 의례들을 통해 하와이 사람들이 죽은(즉, 살해된) 쿡 선장을 이름이 '로노'인 추장으로 신비화했다는 오베예세케레의 (살린스와 비교되는) 해석을 요약해 이야기하고 있다.

다. 신화적 서사, 우주론적 범주, 그리고 상징 과정의 강력한 힘을 고집하는 인류학적 해석은 '실천적 합리성'이라는 인간-공통의 자질을 무시할 뿐 아니라 쉽게 '논리 이전의 사고방식'(Lévy-Bruhl 1975)과 '야생의 사고'(Lévi-Strauss 1966) 이론들에 희생된다는 것이었다. 오베예세케레에게 실천적 합리성은 사고의 자질이었으며 여러 가지 맞물리는 요소들–실천적 결과를 고려하여 대안들을 저울질할 능력, 문화 범주들과 연관된 창의성과 유연성, 특히 상식적 규범 위반 맥락에서의 성찰적 인식, 그리고 이 합리성이 공공영역의 담론으로 나타날 때 벌어지는 치열한 논의와 논쟁–을 포함하는 인간 생물학적 보편성과 연결된다. 그의 저서가 비판받았을 때 오베예세케레는 다음과 같이 자신의 용어를 설명한다:

> 내가 '실천적 합리성'이라고 말한 것은 사고체계가 아니라 하나의 사고양식이다. … 이 용어는 내가 하와이인들과 다른 사람들이 합리적인 수단과 목적의 결합을 드러내는 특정 활동을 하는 것을 볼 때, 그 활동을 다른 사람들이 필요와 결핍과 싸우며 동시에 계획과 생산이라는 평범한 과업을 행하는 것과 결부시켜 생각할 수 있도록 도와준다. 나는 이러한 사고방식을 지니지 않은 사람들을 상상할 수가 없다. (Obeyesekere 1995b: 272)

따라서 영국에서 온 서양인 선장이 신화적 세계 카히키(Kahiki)에서 귀환한 하와이의 신이라고 믿을 정도로 어리석지 않았던 하와이인들은, 그 상황을–특히 인근 마우이 섬에서 칼라니오푸우(Kalani'ōpu'u) 왕이 군사 작전을 벌이고 있던 상황에 비추어–자신들에게 유리하도록 해결할 수 있다는 것을 잘 알고 있었다는 것이다. 실천적 합리성은 하와이인들이 마카히키(Makahiki) 새해맞이 축제 동안 어떤 우주론적 가치들, 의례적 과정들, 달력 주기들, 도상적 이미지들이 작동하는지를 꿰뚫어 보는 데에 충분했다. 그러므로 인류학자는 하와이인들이 북서부 해안에서 돌아왔을 때 쿡 선장을 계속하여 쿡 '로노'라 불렀고 이 두 번째 방문이 마카히키 축제 기간과 겹쳤다는 살린스와 오베예세케레 모두에 의해 받아들여진 사실을 포함하는 상징적 성격의 기록된 증거물들에 눈을 감아야 한다는 것이다(Obeyesekere 1995b: 270).

곤혹스러운 점은, 『신격화』(*Apotheosis*, 1992)에서의 오베예세케레의 민족지적 주장과 이론적 결론이 그가 『문화의 작용』(*Work of Culture*, 1990)과 남아시아를 다룬 다른 저서들에서 제시한 상징주의 이론과 전적으로 반대라는 것이다. 가장 노골적인 모순들만 살펴보자. 『문화의 작용』에서는 심층 동기들과 동떨어진 상징주의가 인간의 자기반성 근거가 된다고 했는데, 『신격화』에서는 반성이 실천적 이성의 작용을 막는 문화적 상징주의 때문에 저해된다고 한다. 『문화의 작용』에서는 문화적 상징주의가 문화간 의사소통 가능성을 제공하지만, 『신격화』에서는 반문화적인 실천적 합리성 때문에 비교문화적 이해가 가능하다고 주장한다. 『문화의 작용』에서는 식별하고 분류하는 인지 능력이 상징 능력에 근거하는데, 『신격화』에서는 문화적 영향의 족쇄에서 벗어났을 때 개인은 그의 세계를 가장 완전히 지각한다고 설명한다. 『문화의 작용』에서는 서구사회가 상징적 표현에 대해 깊이 적대적이라고 했는데, 『신격화』에서는 서구사회가 신화 모형들에 의해 엄청나게 희생되었고 뿌리 깊은 심리적 환상들에 시달리게 되었다고 주장한다(cf. Obeyesekere 1995a: 150). 『문화의 작용』에서는 사회가 이국의 타자를 이해하는 문화적 모형을 갖는다고 했는데, 『신격화』에서의 하와이인들은 문화적 범주화 능력이 부정되었다. 『문화의 작용』에서 오베예세케레는 유럽 대 '비서구' 또는 '제삼 세계' 사회라는 이분법적 구분의 문제점을 경고하였던 반면, 『신격화』에서의 서구사회의 신화창작에 관한 그의 비평은 그 스스로 남아시아와 폴리네시아 중간 정도라 느꼈던 그의 개인적 정체성과 정치적 정체성에 근거하였다. 『문화의 작용』과 다른 저서들에서 오베예세케레는 언어의 비유적, 은유적, 시적 사용에 대해 민감하지만, 『신격화』에서의 비판들은 역사적, 민족지적 증거에 대한 직역적인 접근에 기반을 둔다. 『문화의 작용』에서의 지극히 합리적인 사람들은 '흰옷을 입은 나이 많은 남자'를 '그는 신 바로 그 자체였다'라는 말로 지시할 수 있었으나, 『신격화』에서의 주장은 하와이인들이 그와 유사하게 쿡 선장을 신으로 파악하도록 하는 초현세적 프레임을 따르지 않았다는 것이었다.

오베예세케레의 비판에 대한 체계적인 답변 중 살린스(1995)가 이 세부적 모순점들을 다루지는 않았지만, 그는 당시 강력한 초국가적 힘이 문화적 특수성의 흔적들을 지우고 또 그에 대응하여 문화적 자의식을 내세우는 로컬 운동들이 활발해지는 시점에, 아주 역설적으로 '실천적 합리성'의 인류학을 강조하는 것은 특히 비극적이라고 지적했다.

> 이렇게 많은 사람들이 그들 문화의 존재를 공포하고 있는 이때, 선배 인류학자들은 그 사실을 부정하고 있다. 한쪽은 초합리성에 따라 위협당하고 다른 한쪽은 과장된 비합리성에 의해, 문화적 차이나 다양한 인간 세계의 가능성에 관한 관심은 부정된다. (Sahlins 1995: 13-14)

보다 학문적 차원에서, 살린스는 오베예세케레의 문화에 관한 상징적 접근으로부터의 후퇴가 '반인류학적'인 것이고, 의미 구성을 실용성의 지각으로 대체하는 도구주의적 인식론에 따라 현지문화 다양성과 원주민들의 다양한 목소리를 말살시키는 접근이라고 하였다(1995: 153; cf. Douglas 1982: 201).

기호인류학의 성장은 반대자들의 노골적인 거부와 이전 지지자들의 갑작스러운 전환뿐 아니라 지지자들의 과도함 때문에 저해되기도 했다. 기호학적 모델의 이른바 인지주의 또는 지성주의로 주장되는 언어와 문화에 대한 편향은 어떤 이들로 하여금 기호로부터 문화를 구한다는 명목으로 학문적 조상 살해(ancestral murder)를 몰아가게 하기도 한다. 예를 들어 기호학적인 문화 개념 정립에서 인간 노동의 우월함을 재주장하기 위해 간절했던 고스(Gose 1989)는 뒤르켕, 소쉬르, 레비스트로스, 기어츠, 부르디외, 살린스, 에코가 기호와 의미의 이원론적 시각, 성찰적 합리주의, 그리고 물질성에 관한 도구주의적 관점을 벗어나지 못한다며 비난했다. 불행히도 고스의 비판들은 그 방향을 잘못 잡았다. 그가 과도하게 공격한 대상들은 사실 기호인류학을 재정비하기 위한 대부분 꽤 합리적인 그의 제안들을 지지할 학자들이고, 그들은 당연히 물질적 삶의 조직화에서 문화적 상징이 지니는 역할을 증명한 그의 뛰어난 민족지적 연구에 박수를 보낼 것이기 때문이다(이것은 3장에서 다시 논한다). 예를 들어, 기어츠는 기호들이 미리 형성된 개념들을 전달한다고 믿은 것은 *아니었고*; 부르디외가 문화적 재현의 생성적이고 변형적인 힘을 무시한 것은 *아니었으며*; 소쉬르의 자의성 개념은 제한된 기의가 사전에 존재한다는 것을 전제하지 *않고*; 살린스의 문화 개념이 공리주의에 연루된 것은 *아니었으며*; 뒤르켕의 집합표상의 사회적 토대에 관한 설명은 물질적으로 경험되는 기호학적 체현을 부정하지 *않았다*. 나는 기호인류학이 저지르지도 않은 오류들을 지적하며 학계 조상들을 저격하려 애쓰거나 그들이 반-기호학적 반역자들로 알려진 학자들과 연관된다며 낙인찍기보다, 그들의 가르침을 건설적으로 이어가며 학문을 생산적으로 구축하는 것이 바람직하다고 본다.

비대칭 지표적 도상의 사례 연구

도상적 텍스트성, 기호이데올로기, 그리고 사회적 행위의 교차 지점에 대한 화용론적 접근의 가치를 긍정적으로 드러내는 나의 첫 사례는 폭넓게 읽히는 민족지를 통해 다루어지는데, 바로 이집트 서부 베두인족(Bedouin) 공동체에 대한 라일라 아부-루고드(Lila Abu-Lughod)의 뛰어난 저서 『베일에 가려진 감정』(*Veiled Sentiments*, 1986)이다. 이 인류학자는 자료를 언어인류학이나 기호인류학적으로 분석하지 않았다. 하지만 그녀가 제공한 시적 장르 긴나와(*ghinnawas*) '작은 노래들' 자료는 재분석이 가능할 만큼 충분히 상세하다. 이 베두인 공동체의 특징은 '명예 코드'가 중요한 남자들의 공적 세계와 '친밀성 코드'가 중요한 여자들의 사적 세계가 뚜렷이 구분되어 있다는 점이다. 남자들은 그들의 남성성, 독립성, 우월성을 직접적인 방식으로 선언하는 반면, 여자들은 친족과 친구들과의 관계에서 나약함, 위험한 성애, 그리고 지지적인(supportive) 친밀감을 표현하는 베일에 싸인 은근한(veiled) 겸손을 채택해 사용해야 했다. 이 사회에서는 부측평행사촌혼(patrilateral parallel cousin marriage)에 관한 이상을 포함한 강한 부계 친족적 가치들이 남편과 아내 간 성적 유대감을 약화시켰다. 이 노래들의 사적 공연은 여자들이 직접 표현했을 경우 매우 심각한 사회 규율의 위반이 될 개인적인 느낌들을 표현할 수 있도록 해주는 주된 창구 중 하나였다. 베두인 남녀 모두 결혼식과 할례 의식 이외의 장에서 공적 연행은 할 수 없었다(Abu-Lughod 1986: 184).

'작은 노래들'의 가사는 열다섯 개의 음절들을 반으로 나눈 행들로 구성되었고, 개개인이 기존에 사용된 시의 단어나 절을 대체하거나 혹은 파격적인 방법으로 병치할 여지가 있음에도 패턴화된 시로 구전되어왔다(Abu-Lughod 1986: 264).

너를 아프게 하는 이들을 탓하지 말라/그냥 운명이 아니었다고 말해라.

Don't blame those who hurt you/Just say it was not meant to be.

가까운 이들과의 이별은 힘들다/가슴은 메마르고 눈이 멀게 된다.

Separation from intimates is hard/The heart dries up and the eye goes blind.

나는 만들었다, 절망이 멀리 있을 때/성들, 그게 오자 그것들이 무너졌다.

I built, when despair was away/castles it knocked down when it came.

나는 네 사랑을 자발적으로 받아들였다/부디 내게 편히 쉴 곳을.

I took upon myself your love/Kindly make me a place to rest.

아부-루고드에 따르면 이 노래들은 청자의 공감을 얻고, 사적 문제에 대한 도움을 청하며, 화자에 대한 청자의 태도가 변하도록 하는 세 가지의 일반적 기능들을 수행한다. 또 감정의 친밀한 속성은 노래의 장르적 속성들–(1) 길게 끌고 단조로운 소리의 비표현적인 전달 양식을 사용하고; (2) 개인 이름이 아닌 복수 대명사를 사용하고 일인칭 지표기호를 '거짓 지표기호'적으로(즉, '나'가 화자를 지시하지 않고 '너'가 실제 청자를 지시하지 않게) 사용하여 청자와 화자(즉, 가수)를 몰개인화 하고; (3) '절망이 멀리 있다', '가슴이 메마르다'에서와 같이 감정을 개인화가 아닌 객관화하고; (4) 아부-루고드는 하이쿠(haiku)와 블루스(blues)에 비교했지만 마치 미국 상점들에서 흔히 볼 수 있는 축하 카드처럼 텍스트가 비창의적이고 신선함이 없는 정형화 된 것이라는 성격–에 의하여 가려졌다(1990: 30). 이 음성적(negative, 陰性) 지표기호들은 종합적으로 연행자가 이 시들을 '심리적 거리 두기 기제'로 사용할 수 있도록 해 준다(Abu-Lughod 1986: 195, n. 3).

이 시들이 실제 연행될 때에는 단어들의 자유로운 반복이 허용되지만 이에는 매우 중요한 제약적 조건들이 있다. 시가 두 집합의 여섯 개

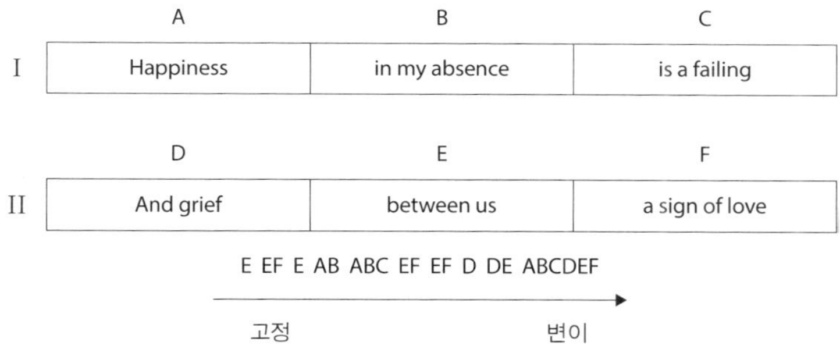

그림 1. *베두인 '작은 노래들(little songs)'*

의 의미 단위로 나뉘어 있다면(그림 1), II 집합의 모든 단어가 사용된 후에야 D(두 번째 집합의 첫 단위)가 사용될 수 있다는 것을 제외하고는 순서에 상관없이 어떤 단위들도 불릴 수 있고, 그다음에 I 집합이 불린다. D가 불린 후에는 올바른 구문론적 순서(ABCDEF)에 따라 시 전체가 반복된다. 이렇게 하여 우연적 변이(즉, '개방된' 연행)와 고정된 공식(즉, '폐쇄된' 텍스트) 간에는 뚜렷한 차이가 진다.

나는 변이로부터 고정으로 흘러가는 연행이 지배적 남성 규범에 의한 여성의 사적 감정 통제를 재현하는 지표적 도상이라고 본다. 장르의 양쪽 반대되는 극들이 규범의 연속체를 거울처럼 반영하기에 *도상적*이고, 이 통제됨이 연행 마지막에 실제로 여성에 의해 실연(實演)되므로 *지표적*이다. 여기에서 한 가지 짚고 넘어갈 것은, 나와는 정반대로 이 인류학자는 이 연애 시들이 '반항', '저항', 그리고 '반란'의 목소리라고 결론 내렸다는 것이다.

> 반항의 담론으로서의 연애 시는 자주와 자유의 담론으로 이해된다. 대체로 체계 내에서 무시를 받는 사람들-즉, 여성과 젊은 남성-에 의해 낭송되는 연애 시들이 칭찬받는 이유는 부족의 정치이데올로기에서 지배에 대한 저항이 주요하기 때

문이고, 따라서 심지어 이들에게도 하나의 주된 가치이기 때문이다. 그래서 사랑함 또는 사랑의 감정을 표현함은 개인의 자유를 의미하는 것이기도 한 것이다. 그러나 감정 또는 감정에 관한 담론을 무엇을–이 경우, 자유를–의미하는 것으로 이야기하는 것은, 그 무엇이 지나치게 불변적이거나 이상적인 것임을 시사할 수 있으므로 오해를 불러일으킬 수 있다. 반항의 담론으로서의 연애 시는 이 자유를 주장하기 위해 사용되고, 다른 이들에 의해 엄청난 힘을 인정받는 것이다. (Abu-Lughod 1990: 36)

베두인 문화에 대한 독자적 민족지적 지식을 갖고 있지는 않기 때문에 이와 같은 저자의 결론에 대해 내가 덧붙일 말은 아부-루고드의 해답이 특정 장르 규칙과 연행에 영향을 주는 통제 요소들을 설명하지 않고 제외했다는 것뿐이다. 앞서 제시한 내 제안은 적어도 텍스트 화용론에 관한 비교문화적 증거와 맞물려질 수 있을 해석을 제공한다.

복잡한 구조의 '텍스트적' 또는 '시적' 기호의 형식을 띠고 발생맥락에 비대칭적으로 고정되는 지표적 도상은 그 조직적 패턴이나 해석 이데올로기를 늘 선명하게 드러내지는 않는다. 사실 매우 강력한 기호학적 기술 중 하나가 어떤 담론 사례 참여자들이 텍스트 패턴을 자연적 또는 필연적 재현인 것으로 보는 비명시적 또는 '잠재의식적' 과정의 세미오시스로 인하여 결론 또는 판단을 내리게 되는 것이다 (Mertz 1996: 231, n. 2). 이와 연관된 내가 사용할 지표적 도상의 두 번째 사례는 엘리자베스 머츠(Elizabeth Mertz)의 미국 로스쿨 교실들에서 벌어지는 법적 담론의 사회화에 관한 연구이다. 머츠가 발견한 것은 '교실 담화 구조가 전달하고자 하는 이데올로기를 거울처럼 반영하면서 동시에 학생들의 관심을 이데올로기적으로 중요한 텍스트적 양상에 집중시킨다(퍼스적 용어로 교실 담화는 전달하고자 하는 인식론의 '지표적 도상'이라는 것)'는 것이다(Mertz 1996: 231). 일반적인 교육 체계의 목적이 학생들에게 지시적 내용을 정확히 추출해 고착된 탈맥락적 텍스트를 '재맥락화'하게 하는 것이라면, 로스쿨 교수법의 목적은 학생들이 텍스트가 유사성에 따르는 판례 만들기의 화용론적 과정의 일부가 되는 방법에 주의를 기울이도록 하는 데에 있다. 따라서 로스쿨 교실에서의 텍스트들은 고착된 유물들이 아니고 '차후 사건들의 재맥락화에서 완전히 재구성될 수 있는' 것이다 (Mertz 1996: 246).

이 이데올로기는 사건의 지시적 내용이 아니라 텍스트의 메타화용론적 구조와 특히 절차적 이력에서 발견되는–명시적 의미나 형식적 언어 특질의 도상적 반복이 아닌–기저에 깔린 법적 추론을 강조하는 '소크라테스식 문답법'에 직접 반영된다. '소크라테스식' 교수법과 법조 체계 기저에 깔린 이데올로기적 전제들은 서로 병렬적인데, 둘 다 텍스트 대상의 고정성을 부정하고, 또 과거 판례의 (퍼스 용어를 사용하여) '한정(determine)'적 권위와 차후 법률 해석의 '재현적' 창의성 간 '상호 구성적'(Mertz 1996: 235) 대치 양상을 드러내는 해석 사례들의 연속체로서 실현된다. 로스쿨 신입생들을 법률 사건들의 의미론이 아닌 화용론에 민감하게 하려고 법학 교수는 학생들의 토론에 자주 개입하고, 오랜 시간 한 학생에게 질문 공세를 하며, 토론의 안건을 지정하고, 학생들이 수업 내용을 받아쓰지 못하도록 하며, 만족할만한 대답이 제시될 때까지 같은 질문을 반복하여 강하게 토론을 통제하고, 또 수업이 '대화적' 상황과 같이 보이도록 한다.

> 교수들, 학생들, 그리고 차후 사건들의 저자들은 스스로 도출한 의견들을 연행하는 것이 아니다. 차후 의견의 저자는 선례들을 현 법률 사건 맥락의 화용론적 프레임으로 재맥락화하고, 따라서 현 사건의 맥락이란 이전 사건 언어를 현 사건에 응용함으로써 구성된 기호학적 결과물이다. … 교실 담화는 판결 텍스트를 화용

> 론적 구조로 재맥락화하고, 그 구조는 각 의견을 (최소한) 두 종류의 이전 언어 맥락들–이전 판례 사건들에 대한 특수한 법적 해석을 통해 추출한 '교리적' 맥락, 그리고 현 사건에 대해 '하위' 법원들에서 이전에 내려진 법적 주문들을 기호학적으로 구조화한 '절차적 이력'–과 연결한다. (Mertz 1996: 245-246)

교실 토론은 학생이 교수가 기대하는 법적 교리나 기술적 용어 해석을 마침내 생산하고, 그것이 현 사건과 적절한 지시 관계를 맺으면서 또한 교수의 최초 질문을 성공적으로 지표할 때, 비로소 현 담화 사례에서 다음 사례로 진행된다. 그러므로 로스쿨 교수법에 내포된 가르침은 법학 교육은 법률 화용론(사례의 도상적 요소)에의 정통함을 요구하고 그 정통함은 이와 병렬적인 예시들을(지표적 요소) 연행함으로써 달성할 수 있다는 것이다.

이제 내가 다뤄볼 마지막 사례는 첫 사례에서 다루어진 사랑과 자유라는 주제를 보다 광범위한 차원에서 다룬다. 잠시 생각해 보면, 우리 모두 다양한 매체를 통해 언뜻 보기에 기호구조가 연행 맥락에서 분리된 것으로 보이는 도상적 다이어그램이 구성되는 기호현상을 보아왔다. 그 경험은 매체가 제공하는 기호의 내적 텍스트 패턴에 대해 세심한 주의를 기울일수록, 지시기능이 일시적으로 중단되는 경험이다. 시간의 선형성이 음조 기호의 기본 요소인 음악의 사례를 살펴보는 것은, 우리가 고정적인 구조주의 모델들과 대다수 기호학 이론의 로고스 중심주의에서 탈피하는 데에 도움이 될 수 있고, 또 타라스티(Tarasti)의 간결한 표현에 동의하도록 할 수 있다:

> 더 흥미로운 것은 단지 음악의 배경에 어떤 구조 같은 것이 어렴풋이 보인다는 사실이 아니라, 이 도식이 어떻게 음악이 진행되는 시간상에서 드러나게 되는가이다. (Tarasti 1986: 133)

베토벤 교향곡 제9번(Levy, 1995)은 알레그로(Allegro), 스케르초(Scherzo), 안단테(Andante), 그리고 합창 피날레(Choral Finale)의 네 개의 악장으로 구성되고, 그 유명한 합창 피날레는 특히 내부적으로 다시 네 개 부문으로 구성되어 교향곡 전체를 농축하는 다이어그램을 형성한다. 피날레의 도상적 그리고 변형적 차원들을 집중적으로 살펴보다 보면 실버스틴이 설명했던 비대칭적 닮음의 사례가 여럿 발견된다(cf. Tarasti 1994: 343). 오케스트라 전원의 충격적인 팡파르 이후, 이전 세 악장에 대해 간결하게 회상하는 것 대신에 첼로와 콘트라베이스의 레치타티보(recitative, 성악가가 읊조리듯 노래하는) 부문으로 악장이 시작된다. 레치타티보의 '목소리'가 이전 악장들의 장점을 고려하지만 결국 모든 것을 부정하는 것과 같이, 후렴구들은 모두 앞선 악장의 확장된 부문으로부터 이루어졌다. 이 대화적 부분은 피날레의 진행에서 가장 중요하게 되는 '환희(*Freude*)'의 주제에 관한 부분적인 선행음에 의해 마무리된 후에, 이 주제를 충분히 드러내고 변주함으로써 끝이 난다. 피날레의 두 번째 그리고 세 번째 부문은 각각 스케르초와 안단테 악장을 회상하고, 두 번째 부문의 1절과 세 번째 부문의 1절과 3절에서 '환희'의 주제를 반복한다. 더욱이 세 번째 부문에서는 '수백만의 사람들이여, 서로 얼싸안자!(*Seid umschlungen, Millionen!*)'는 말로 두 번째 숭배적 주제를 소개한다.

피날레 악장의 '피날레'인 네 번째 부문은 전체 교향곡의 변형적 순간이며, 교향곡 구조에 관한 비대칭적 도상의 중심점이다. 두 가지 요소들이 이러한 효과에 이바지한다. 첫째, 이 부문은 (이전 세 악장이 *아닌*) 피날레 악장 내 이전의 세 부문들을 축소해 재현하는 요약적 형식을 갖고, 여기 이와 같은 더 깊은 내포는 앞선 세 부문의 순차적 회상이 아닌 *동시적* 회상으로 신호 된다. 첫 번째 부문의 주제('환희')와 조(調, key), 두 번째 부문의 박자(84), 그리고 세 번째 부문의 주제('수

백만의 사람들')가 두 주제의 대위법적 통합과 동시에 들리게 되는 것이다. 내가 변형적 순간이라고 부르는 이 교향곡 마지막을 향해 달리는 합창 부분은, 다른 말로, 다이어그램적 재수집의 원칙 그 자체가 순차적 대화에서 동시적 겹쳐짐으로 변화하는 순간인 것이다. 기존의 (전 시점들에 대한 회상의) 원칙 자체가 바뀌는 이 지점에서, 회상은 더는 전 악장에 관한 것이 아니라 이 악장의 이전 부문에 관한 것으로 변모한다.

빈(Vienna)의 청중들은 베토벤 교향곡 제9번에 사용된 규칙들, 음악적 암시들, 구조적 형식들에 대하여 매우 잘 알고 있었다. 이 곡은 파리에서 처음 공연된 스트라빈스키의 『봄의 제전(*Rite of Spring*)』과 극명하게 대조되었다. 1824년 5월 7일–베토벤의 『장엄미사(*Missa solemnis*)』의 세 악장과 『헌당식 서곡('Consecration of the House' Overture)』이 함께 공연되었던 콘서트에서–베토벤 교향곡의 첫 공연을 본 평론가는 피날레의 도상적인 구조와 음악 구성의 선형성을 인지하였다:

> 피날레(D 단조)는 날카롭게 찢어지는 천둥소리와 같은, 딸림음을 밑음으로 하는 단구 화음으로 그 시작을 알린다. 앞서 들었던 주제들이 혼합된 듯한 짧은 악구들이 화려하게, 마치 *거울에 반영되듯이*, 다시 한 번 우리 앞에서 거리행진처럼 이어진다. 다음에는 콘트라베이스가 레치타티보를 마치 '이제 무슨 일이 벌어지지?'라고 묻는 듯 으르렁대고, 다시 그에 대해 로시니(Rossini)적 베이스 없이 모든 악기가 경이롭도록 아름답게 어우러져 점차 장조로써 답하며, 세 번째 악절에서는 점진적으로 강렬한 크레센도로 발전한다. 드디어 솔로 베이스의 초대로 마지막에는 전체 합창단이 정확한 음조로 위풍당당하고 화려하게 환희를 노래한다. (Quoted in Levy, 1995: 136, emphasis added)

기호학적 인식에 관한 실버스틴의 가설에 비추어 볼 때 흥미로운 것은, 이 비평가가 음악의 도상적 양상에 관해서는 설명을 할 수는 있었으나 음악의 지표적 성질에 대해서는 그러지 못했다는 점이다. 나의 분석적 결론은 음악의 시간성과 절정에 관한 타라스티(Tarasti)의 다음과 같은 결론을 어떤 의미에서는 뒤집는다.

> 음악의 시간적 과정의 기본 요소 중 하나는 비가역성이다. 이와 같은 사실 때문에 음악에서는 대칭적 반복이 전혀 없다. 심지어 평범한 독일 가곡 리트(*lied*)의 형식 ABA에서 두 번째 A는 첫 번째 A와 다르다. 정확한 음높이나 음조로 연주되는 곡의 수신자에게 두 번째 순간이란 사실 존재하지 않는다. 이 비가역성은 특히 어떤 극적 순간, 즉 음악의 정점에서 잘 드러날 것이라고 생각될 수도 있다. 순수한 음악 되기(becoming)를 변형하는, '일상적'이고 무의식적인 음악적 시간의 비가역성과 그것의 원초적 시간적 특성을 폐기하려 하는, 그 순간들에서 말이다. (Tarasti 1986: 141)

해답은 우리 두 사람 모두 음악적 구조의 다른 층위에서는 옳을 수 있다는 것이다. 왜냐하면 피날레의 처음 세 부문에 대한 *동시적* 암시는 어떤 의미에서는 시간성을 '폐기'한다는 것을 의미하기 때문이다. 그러나 이 동시적 암시가 일어난 순간 역시 시간적인 것이다. 지나간 모든 것을 총정리한 후에야–사실, 계몽주의 전체를 총정리한 후!–베토벤은 변형적인 마지막 합창을 풀어주거나 혹은 놓아주기 때문이다.

III

기호학적 접근을 통한 물질문화의 의미 분석

3

기호학적 접근을 통한 물질문화의 의미 분석

이 장에서는 물질문화에 관한 인류학적 연구와 긴밀하게 연관된 몇 가지 문제, 즉 (1) 언어의 의미와 (자연적인 것과 인공적인 것 모두를 포함하는) 물질적 대상의 의미 간의 관계, (2) 미적 대상과 특히 재현적 이미지의 통시적 생산에 관여되는 스타일(style)의 개념, 그리고 (3) 특별한 가치를 지니는 대상에 체현되는 힘의 양상들을 중점적으로 다뤄보고자 한다. 물질적인 대상들에 대한 포괄적인 인류학적 이론이 부재하기 때문에, 나의 목적은 그러한 인류학적 이론을 구축하는 데에 도움이 될 수 있을 일관된 기호학적 관점을 제안해 보는 것이다.

의미의 문제

최근 인류학자들과 고고학자들이 물질적 대상의 의미를 이해하는 것을 보면 역설적인 면이 있다. 이들은 단어(words)와 사물들(things)

에 관해 만연해 있는 서구의 민속이데올로기(folk ideology)에–즉 *언어*는 본질적으로 유의미한(더 구체적으로 언어의 무표된 기능이 의미론적 의미의 표현이라는) 것이지만 *사물*은 본질적으로 실용적인(더 구체적으로 사물의 무표적 기능이 실천적 목적의 실현에 있다는) 것이라는 믿음에–반하는 이론을 구축하고자 한다. 그런데 이들은 물질적 세계의 유의미성을 재주장하기 위해 역설적이게도 언어로부터 파생된 하나의 의미 모형을 물질세계에 유사적인 방식으로 응용하고 있다. 물질 대상이 예를 들어 발화행위(Byers 1994), 지시성(Barthes 1988: 186), 문법(Kroeber 1957), 텍스트성(Hodder 1989), 또는 외연/함축(denotation/connotation)(Bryson 1983)을 통해 분석되고 있다는 것이다. 이러한 언어 모형들의 차용은 그 연구들이 극복하고자 하는 이데올로기의 작용 그 자체에 관한 명백한 증거이다. 왜냐하면, 그들의 연구에서 '의미'의 개념은, 그들이 생각하기에 탈맥락적이고, 의도적이며, 관습적인 언어적 의미(고고학에서의 언어 의미는 주로 '상징적' 의미에 국한됨)로서 편제되기 때문이다(Lotman 1976a).

물질문화에 대한 민족지적 또는 역사적 탐구가 가능한 사회에서 대상과 언어적 의미가 분리되는 실험실적 상황을 찾기란 실질적으로 거의 불가능하다. 대상들은 어디에서나 언어에 연루된다. 대상 그 자체가 언어 기호를 소유할 수 있고(예: 기명 된 석조), 대상이 언어적 연행을 재현할 수도 있으며(예: 그리스도의 벌린 팔을 그린 종교적 도상), 언어로 대상의 무엇이 표시되거나(예: 그림의 제목), 대상의 맥락에 말이 함께 존재하거나(예: 의례의 제물), 또는 텍스트의 지시에 따라 대상이 생산될 수 있는 것이다(예: 기계적 악기). 그렇다면 우리의 물질세계에 관한 문화적 관념이 대상의 의미를 연구하는 데에 있어 적절한 비교적 메타언어라고 생각하는 것은, 일군의 선이론적 대립–유의미 대 실용, 일반적 대 구체적, 탈맥락 대 맥락, 기의 집합 대 기표 집합, 그리고 언어 상징의 비영구성 대 물질 기호의 영속성과 같이 언어 기호와 대상을 비교하는 대립–을 사실화하는 명백한 오류를 수반한다고 할 수 있다.

따라서 바로 우리가 지니는 대상에 대한 이원론적 이데올로기 때문에 이처럼 언어적 유추에 의지하는 것이고, 그것 때문에 최소 퍼스부터 야콥슨까지의 기호학이 그렇게 고집스럽게 주장한 것을–즉, 화용론적 기능 또는 수단-결과 관계가 의미와 대치되는 관계에 놓인 것이 아니라는 것을–학자들이 아직도 제대로 실현하지 못하고 있다. 하지만 실천적 합리성을 문화와 무관하게 기계적 효율성, 완벽한 디자인, 효용의 극대화, 또는 진화상의 우위로 보는 사회에서, 대상의 의미는 추가적이고 선택적인 것일 수밖에 없다. 어쩌면 바로 이 이데올로기가 영화에서 중심적 역할을 하는 특정 사물들의 눈부신 효과를–예로, 찰스 포스터 케인(Charles Foster Kane)의 썰매 로즈버드(Rosebud)에서부터[1] 「2001」에서의 외계적 돌기둥, 「레이더스」에서의 성궤까지–캐릭터, 대사, 플롯에 대한 일반적 초점에 대비되는 마술적 주체성의 극적인 전경화를 설명하는 것일 수도 있다. 이 이데올로기는 또한 그 정반대도 함의한다. 즉, 언어, 사회 관습, 그리고 예술적 창조물을 포함하는 통념화된 상징들은 문화 내에서 어떤 불변하는 이성의 질서 또는 물리적 필요성의 산물로서 '자연화'되어 이해되기도 한다(Parmentier 1994b: 175-192). 바르트의 말을 빌리자면,

> 의미는 항상 문화의 현상, 문화의 생산물이다. 지금 우리의 이 사회에서는, 문화의 현상이 거듭 말에 의해 자연화, 즉 자연으로 다시 전환되고 있고, 이것은 우리에게 대상의 순수한 이행 상태라는 것을 믿도록 한다. 우리는 우리가 사용과 기

---

1) 원저자는 이 사례를 영화 「시민케인」에서 가져온다.

능의 실용적인 세계, 그리고 사물에의 전적 예속화하에 있다고 믿고, 또한 사실 우리는 실질적으로 사물에 의해 의미와 이성, 그리고 알리바이의 세계에 있다: 기능은 기호를 낳는데 이 기호는 다시 기능이라는 광경으로 재전환되는 것이다. 나는 바로 이 문화의 의사자연으로의 전환이 우리 사회의 이데올로기를 정의할 수 있다고 믿는다. (Barthes 1988: 190)

이 모두를 종합해 봤을 때, 물질적 대상을 그것을 둘러싼 언어와 별개로 이해하기 시작하기 위한 이상적인 실험 사례는, 언어적 증거를 고고학적 자료로부터 되찾을 수 없고, 아마도 사물을 생산하는 사람들이 아직 발전된 언어적 능력을 갖추고 있지 않았을, 선사시대의 고고학자들이 필연적으로 마주하는 상황일 수 있다. 그러나 이처럼 상대적으로 원시적인 현장에서 언어에 의존하지 않는 분석적 개념을 발전시키려 하기보다, 고고학자들은 너무 자주 의미 연구를 포기하거나 단순히 언어 모형으로 관심을 되돌려 왔다. 호더(Hodder)가 지적하듯,

에믹(emic)과 에틱(etic),[2)] 즉 내부자적 관점의 의미와 비교 분석적 의미의 이분법에 대한 고고학적 논의는, 대체로 말로써 접근 가능한 내적 사고와 외적 행동을 대립시켜 왔다. … 말에 치중한 결과, 고고학자들은 말에 관한 증거 없이는 에믹 의미에 관한 논의에서 소외될 수밖에 없다는 논리를 갖게 되었다. 인간의 적응과 관련된 어떤 지적 노력이 있었든, 성공의 척도는 기능성, 장기간, 그리고 보편성으로 이해됐다. 말과 에믹의 상징적 의미는 모두 실용적인 에틱의 행동과는 거리가 먼 것으로 간주되었다. 주관성은 언어로 표현된 내적 사고와 연관됐다. 반면

2) 인류학에서 에믹은 원주민 내부자의 관점 그리고 그들의 문화 범주를 말한다. 에믹과 대조되는 에틱은 과학적인 분석 관점을 말한다. 언어인류학적 연구에서의 음소(적)(phonemic)와 음성(적)(phonetic)의 구분 및 관계 논의가 더 일반적 차원에서 문화인류학적 에믹과 에틱 개념들로 발전하였다.

객관성은 외적 세계, 즉 의사 결정의 제약들 그리고 결과들과 연관됐다. (Hodder 1989: 254)

물론 물질문화를 오로지 물질주의적 관점에서 해석하는 것을 지양한 고고학자들의 노력은 칭찬할 수 있다. 그러나 고고학적 대상들의 (도구적 또는 실용적이 아닌) 다른 문화적 기능들을 찾으려던 노력 끝에서 그들은 결국 *언어*로 눈을 돌린 듯하다. 상징적 유의미성의 모형을 단지 언어에서만 찾을 수밖에 없었던 것으로 보인다.

A. 마틴 바이어스(A. Martin Byers)의 논문 「상징력과 중기-후기 구석기시대의 이행: 이론적 그리고 방법론적 비평」(*Symboling and the Middle-Upper Paleolithic transition: A theoretical and methodological critique*, 1994, cf. 1991, 1992)은 언어적 모형들을 고고학적 분석에 차용한 매우 흥미로운 사례다.[6] 이에 앞서 나는 사물을 서얼(Searle)의 '구조적 발화행위(constitutive speech act)', 즉 사물의 변형적 가능성을 발화의 언표내적 효력(illocutionary force)과 동일화하는 것, 또 의미를 사물 사용자들의 '의도성'에 있는 것으로 개념화하는 것에 동의할 수 없음을 밝힌다. 바이어스의 논문의 이론적 전제들과 용어적 복잡함에 관한 세부적 비판 대신, 현재 고고학자들과 다른 분야 학자들이 논쟁 중인 상징력(symboling),[3)] 스타일, 그리고 물질적 대상 간의 문제에 관해 간략히 의견을 밝혀 보겠다.[7] 이 논쟁에 대해 생각하다 보면, 구석기 시대 사냥꾼들이 제대로 된 도구 없이 어떤 작업을 해 내려고 애쓰는 이미지가 떠오른다. 물질적으로 매개된 활동의 '의미'에 대한 논쟁, '스타일'에 대한 가장 포괄적인

---

3) 원저자와의 교신에 따르면 "symboling"은 상징을 사용할 수 있는 능력 또는 기능을 뜻하며 특히 인류학자 레슬리 화이트(Leslie White)에 의해 널리 알려졌다.

정의에 대한 논쟁, 혹은 사용자와 분석자의 '의도'에 관한 대조적 관점들에 대한 논쟁들은 모두 논쟁 참여자들이 섬세하지 못한 분석적 개념들을 사용하기 때문에 의미론적 말놀이에 머무르는 경향이 있다. 또 '임의성', '지표성', '이소크레스틱(isochrestic)[4] 스타일 변이', '구성적 규칙들'에 관한 논의처럼 더욱 정밀한 분석이 시도될 때에도, 고고학적 담론은 담론 참여자들이 용어에 대한 의미를 공유하지 않기에 계속해서 이해하기 힘든 상태에 머무른다. 나는 이러한 혼돈의 증상이 바이어스의 경우, 필요한 구분들을 표현하기 위해–'물질적 행동' 대 '물질적 행위', '스타일-1' 대 '스타일-2', '목적 지향적 행동' 대 '규칙에 지배된 행동', '자연적 성찰' 대 '의식적 성찰', '부속적 매개' 대 '귀속적 매개', 그리고 '행위-구성적 의미'(즉, 내포적 의미) 대 '지시적 의미'(즉, 외연적 의미)의 사례들처럼–용어적 대립을 즉흥적으로 생산해내는 습관으로 나타난 것이 아닐까 생각한다. 나는 이와 같은 이접성의 증식을 근원적 원리, 축, 또는 규칙성이 아직 발견되지 않았다는 것의 증거로 받아들인다.

바이어스의 (특이한) 주장에서 핵심적인 것은 물질적 대상이 언어적 발화와 체계적으로 다르다는 것이고 전자는 지정된 대상을 대신하거나 지시하는 반면 후자는 사용자의 구성적 의도성을 표현한다.

> 미식축구나 헬멧과 같은 물질적인 것은 그것이 구성하는 미식축구 경기를 지시하는 데에 사용되지 않는다. 그것은 정말로 그 무엇도 지시하는 데에 사용되는 것이 아니다. … 그런데도 그것은 미식축구의 규칙 체계를 구성하는 규칙의 구조를 호출 또는 노출, 즉 예시화하는 *함축적* 의미가 있다. … 경기할 의도를 가지고 미

4) "Isochrestic"은 '쓰는 목적이 같은' 정도의 뜻이다. 고고학자 새킷(Sackett)이 만든 용어로 사용이 매우 드물어 개념적 혼선이 생길 수 있으므로 본문에서는 번역하지 않고 발음대로 '이소크레스틱'이라고 표기한다.

> 식축구공을 잡으면, 이 실재를 호출하고 그것의 재생산/변형에 참여하는 것이다. … 규칙에 지배된 물질문화의 의미에 대한 그릇된 특징짓기는 그것의 행위-구성적 성격과 단어의 지시적 의미를 혼동하는 것이다. (Byers 1994: 374)

단어들과 외연적인 또는 '대신하는(stands for)' 지시의미의 결부, 그리고 대상과 내포적 또는 '간주하는(count as)' 표현의 결부는 (사실 결국 내포적 의미를 생성하는 기제인) 언어체계의 정의적 특징을 대상들에 다시 투영하는 분석적 오류의 단적인 사례이다. 단지 이 경우, 대상들은–언어보다도 *더욱*–언어 같다고 주장될 수 있다. 예를 들어 바이어스는, 사회적으로 타당한 발화행위들은 물리적 사물들의 매개를 요구한다는 그의 관찰에 따라(검을 사용하여 작위를 수여하기, 피를 사용하여 맹세하기, 물을 사용하여 세례하기), '모든 물질적 행위는 그것의 연행을 설명해주는 이전의 실제적 또는 있음직한 발화행위가 충족되었다는 것을 보여주는 물질적 조건이다'라는 결론을 내린다 (Byers 1994: 376).

> 그러나 물질적 행위와 그것의 구성 요소들인 물질문화가 발화행위에 기생하는 것으로 간주하여서는 안 된다. 사실은 그 반대이기 때문이다. 어떤 일군의 물질적 항목을 필수적 언표내적 요소들로 갖지 않는 적절한 발화행위란 거의 없다. … 특정한 지위에 있는 사람들의 언표가 의도된 발화행위들(선언, 명령, 단정 등)이며 그러한 것으로 간주되려면 다른 유관한 사람들에 의해 발화가 직위의 가상적 요소들을 행사하는 것으로 인식되어야 한다. 윤리 규제적 규칙들 또한 행위-구성적이고 언표내적 규칙들이며, 이것이 윤리 규제 규칙들을 실현하는 물리적 대상들이 언표내적 화용론적 도구이게끔 한다. (Byers 1994: 376)

바이어스는 인간 행동에 대한 세 가지 층위의 분류계통수를 제안한다. 이 계통수에서 행동은 '물질문화가 있는 행동'으로 유표될 수 있고, 그것은 다시 ('물질적 행동'이라 불리는) '목적 지향적' 행동으로 유표될 수 있으며, 또다시 ('물질적 행위'라 불리는) '규칙에 지배된' 또는 상징적 행동으로 유표될 수 있다. 바이어스는 고고학적 자료가 두 종류의 집합체 사이의 하나의 대응되는 차이점을 보여준다고 주장한다. '스타일-1' 집합체는 외적 요인에 따른 변이 이외의 다른 변이가 없고, '스타일-2' 집합체는 특정 사회 전통의 문화적 규칙에 따른 규칙적 변이를 드러낸다. 그렇다면 이 '스타일-2'의 '상징적 변이'는 다른 종류의 관찰 가능한 변이와 어떻게 구별되는가? 바이어스는 물질적 대상을 목적-지향 기능에 따라 해석할 수 있는 특질(예: 동물의 살점을 찢기 위해 날카롭게 잘린 돌) 그리고 규칙적 변이가 자명한 기능적 필요와 관계없는 특질(예: 국지적인 창 화살대의 장식무늬)로 유용하게 나눌 수 있다고 주장한다. 후자의 '부속적'(즉, 선택적) 또는 '이소크레스틱적'(즉, 질서적)[5] 변이에서 형식의 과잉은 충분한 상징력을 지닌 인류 조상의 '수월한 일상적 성찰'의 결과물이고, 전자의 기능적 변이는 그 사물 생산자들에게 기록으로 드러나는 사회적 전통은 없어도 실천적 인습이 있었음을 제시한다.

그림 2는 바이어스가 제안한 분석 이외의 다른 분석들을 이해할 수 있도록 도와준다. 목적-지향적 기능에 따라 대상-유형 1, 2, 3이 나뉘고(A1, A2, A3) 그 외에 도구적 기능이 불분명한 변이들은 B1, C2, D3로 구분된다. 논리적 완전성을 위해, 특질 X, Y, Z는 맥락적으로 무작위적인 것으로 또는 비표준적인 것으로 보이는 사물들의 관찰 가능한 특성을 나타내려 추가된다. 이 모델에는 주목해야 할 것이 세

---

5) 교신을 통해 원저자로부터 여기 괄호 안에 사용됐던 원 단어 "(i.e., necessary)"를 대체할 수 있는 "(i.e., orderly)"를 제공받아 그것에 맞게 '(즉, 질서적)'으로 번역하였다.

가지 있다. 첫째, 바이어스의 해석은 이소크레스틱적 변이가 생산자 의도를 표현하는 규칙에 지배된 행동에 포함된다고 보았는데, 이런 해석은 민속적 이데올로기에서의 상징적 의미와 실용적 이성 간 구분을 그대로 유지하는 것이다. 둘째, 부속적 그리고 이소크레스틱적 변이를 두고 직접적인 기능 해석이 불가능한 상징적 의미가 있다고 하는 것은, 유관한 문화 의미에 관한 분석자의 지식을 생산하는 것이 아니라 전제한다. 관습적으로 코드화된 모든 기호처럼 의미는 지표적으로나 도상적으로나 명백하지 않다. 마지막으로 표준화된 특질(A, B, C, D)과 비표준화된 특질(X, Y, Z)에 대한 경험적 식별은 그 특질들이 분석적으로 분절될 수 있다는 점에서(예: 모양 대 장식) 그보다 더욱 중요한 기능적(A) 변이와 상징적(B, C, D) 변이의 구별보다 훨씬 수월한 것이다.

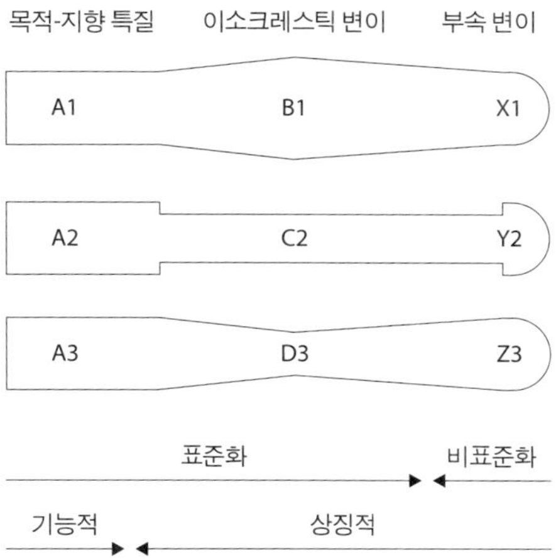

그림 2. *유물 유형의 표준화*

다른 고고학자들은 달리 주장 할지도 모른다. 예를 들어 새킷(Sackett 1986)은 B1, C2, D3가 사회적 습관이나 전통의 무조건적 응용에 따른 무의미하고 비합리적인 반복의 결과라고 주장할 것이고, 호더(Hodder 1988, 1989, 1990)의 경우 비실용주의적이고 사회적인 목표 지향성(지위, 정체성, 지배 등의 표기) 개념들을 사용하는 것이 이 변이들에 관한 더 나은 설명이라고 할 것이며, 레트만(Lechtman 1975, 1994)은 A1, A2, A3 특질들을 만든 생산적 기술 또한 상징적 의미가 있다고 주장할 것이다. 고고학 논문에서 자주 본 경우는 아니지만, 네 번째 가능성은 목표에 지배된 물질적 행동과 규제에 지배된 물질적 행동 간의 구분, 즉 무엇에 의한 기능과 무엇을 사용한 상징화 간의 구분을 버리고, 상징 능력이 언어적 의미와 같은 외연을 갖는다는 로고스 중심주의적 전제를 배제하는 것이다. 이 가능성은 그러나 (나의 시각에서는 옳은 선택이나) 불행하게도 물질적 대상의 분석에서 표준화의 개념은 근본적으로 불투명한 것임을 암시한다. 고고학적 자료에서 표준화를 드러내는 경험적 증거들은 (1) 매우 한정된 실용적 목적을 위한 기술적 제약 상황에서의 기계적 반복(즉, 어떤 목적을 달성하는 방법이 한 가지인 것)의 증거일 수 있고; (2) 기술적인 필요조건이 지나치게 많을 때 패턴화된, 생산의 사회적인 편제화의 증거일 수 있으며; 또는 (3) 각 대상이 어떤 모방하는 일반적 전형, 이상, 또는 모방하는 형판과 도상적으로 유사한 타입-토큰 패턴의 증거일 수도 있고; 또는 (4) 어떤 추상적인 개념적 범주의 특질에 관한 명세서에 따른 생산의 증거일 수도 있다. 다른 역사적, 맥락적, 비교적 정보가 부재한 상황에서는 한 고고학적 *현장에서* 발견된 증거만으로 원칙에 입각한 결론을 내릴 방도가 없는 것이다. 다시 말해 특질의 규칙성에 대한 기능적 매개변수들과 상징적 매개변수들의 한계를 정할 수 있다 하더라도, 패턴화의 더 큰 의미를 밝히는 것은 또 다른 문제라는 것이

다. 체이스(Chase)를 인용하자면:

> 엄격한 기준에 맞춰 아주 쓸 만한 유물이 만들어졌을 때, 그 기준이 심지어 이소크레스틱 하더라도 원재료, 물리적 기능, 또는 기술들의 제약들과 무관했을 거라고 증명하기는 더욱 힘들다. 그리고 나는 그 표준화가 기능적, 기술적 범주들을 정의하고자 하는 어떤 이상의 사용과 무관하게 이루어졌다는 것을 증명하기는 불가능하리라 추정한다. 따라서 특정 제약적 상황에서의 표준화로부터 상징력의 유추를 이론상 시도해 볼 수는 있으나, 실천적으로 봤을 때, 우리는 그 상황을 고고학적으로 인식할 수 없으므로 그것은 사실이 아니다. (Chase 1991: 207)

이 고고학적 논쟁들에서 사실 더 우려스러운 것은 관계적 또는 과정적으로 보아야 할 개념들이 흔히 대상화 그리고 본질화된다는 점이다. 바이어스처럼 '고착된 하나의 의미'가 사용자의 의도 안에 있다고 하거나 특정 대상의 기호학적 상태를 '도상적 담보'로서 밝히려 하기보다, 기호, 기호 대상(맥락과 지시대상), 그리고 사회적 일상에서 이 둘을 사용하거나 그것들의 영향을 받는 사람들의 해석적 인지와 행위, 이 셋 사이의 *관계*에 관한 패턴으로서 의미에 접근해야 할 것이다. 특정 기호들을 '도상', '지표', 그리고 '상징'의 바구니에 집어넣으려는 시도 또한 이 퍼스 용어들이 기호 종류가 아니라 기호학적 기능의 복잡한 위계 내의 단계 또는 순간이라는–즉, 상징은 의미하는 대상을 구체적으로 드러내기 위해 지표를 반드시 포함하고, 지표는 그 대상에 관한 무엇이 의미 되는가를 드러내기 위해 도상을 반드시 포함한다는–중요한 사실을 놓치고 있다(Friedrich 1979: 16-18; Parmentier 1994b: 18). 또한 상징력의 현상을 '재현', '담보적', '구성요소적' 장치들이라는 이름으로 구분함이 적절한가를 두고 벌어지는 논쟁들은 기호학적 구성과 기호학적 기능을, 즉 유의미성의 잠재력 그리고 실시간의 맥락에서 벌어지는 특정 목적을 지니며 다양한 결과를 수반하는 사회적 활동을, 구분하지 못하고 있다. 모든 것은 기호학적 기능의 과정을 설명할 수 있는 우리의 능력에 달린 것이다. 그러나 불행히 고고학적 기록은 이에 요구되는 자료들을 대부분 제공하지 못한다.

종종 이러한 논쟁에서 자주 (그러나 세심하지 못한 방식으로) 인용되는 퍼스의 삼분법(trichotomies)적 모델을(그림 3에서 요약) 이용하면 고고학적 스타일에 관한 대부분의 경험적 관찰을 편리한 프레임체계로서 설명할 수 있다는 것은 상당히 흥미로운 일이다. 최근의 논쟁은 이 정교한 프레임체계의 잠재성을 실현하지 못하는데, 그 이유는 퍼스의 구분 중 단 하나일 뿐인 도상, 지표, 상징에만, 즉 기호가 유사성, 인접성, 부과된 관습성에 따라 대상을 의미하는 것에만 집착하였기 때문이다. 예로, 도자기 스타일이 상징적으로 기능하는 경우는 극히 드물다. 스타일은 도상 법칙기호(iconic legisign)를 체현하는 지표 법칙기호(indexical legisign)이고 그 스타일의 특정 도자기는 하나의 지표 개별기호(indexical sinsign), 즉, 그것이 (희미하게) 지표하는 형판으로부터 생성된 '복제(replica)'이다. 스타일은 주로 지표기호의 형태로 드러나는 것처럼 보인다는 것은 분명하다. 하지만 그 스타일의 도자기 혹은 돌에 새겨진 이미지가 사용자들에 의하여 집단 소속성이나 경계성을 유표하는 데에 사용될 수 있다는 *아니면* 그것의 생산자/사용자가 권력의 중심지에서 확산한 패턴을 사용하고 있다는 것을 표시하는 위해 사용할 수 있다는 관찰은, 퍼스의 '발화적' 지표 개별기호('dicent' indexical sinsign, 지표로서 작용하고 또 그렇게 지표로 기능 *한다고* 해석되는 특정 사물인 기호) 그리고 '레마적' 지표 개별기호('rhematic' indexical sinsign, 지표로서 작용하고 또 유관한 질적 특질들을 *가졌다고* 해석되는 특정 사물인 기호)의 구별에 대응한다. 더 나아가 맥주 마시기와 연관된 신을 그린 도자기가 있을 때, 그 도자기가 그것의 의례적 사용자들에게 레마적 상징(rhematic symbol)의 복제일 수 있는 이유는 그것이 형상적인 관습에 따라 그 신을 재현하지만 맥주 마심의 행위에 신의 존재가 필수적으로 전제되는 것은 아니기 때문이다. 반면 하늘 신의 광휘와 유사할 뿐 아니라 그 신의 초자연적 존재의 일부인 금이라는 재료로 만들어진 제기는 숭배자들에게 (유사성의 기반이 색인) 레마적 도상 개별기호(rhematic iconic sinsign)를 체현하는 ('존재성' 효과를 드러내는) 발화적 지표 개별기호(dicent indexical sinsign)로서 기능한다. 그리고 허츠펠드(1992)가 '메타패턴'이라 부르는 다른 맥락들에서 여러 차례 발견되는 대상의 더 복잡한 조직적 배열(예: 4-분할, 유표성 위계, 이항 대립)은 다이어그램적 도상 법칙기호(diagrammatic iconic legisigns)이다.

	자질기호(qualisign)	개별기호(sinsign)	법칙기호(legisign)
상징(symbol)			10 논증(argument)
			9 발화(dicent)
			8 레마(rheme)
지표(index)			
		4 발화(dicent)	7 발화(dicent)
		3 레마(rheme)	6 레마(rheme)
도상(icon)			
	1 레마(rheme)	2 레마(rheme)	5 레마(rheme)

1. 자질기호
   (qualisign)
2. 도상적 개별기호
   (iconic sinsign)
3. 레마적 지표 개별기호
   (rhematic indexical sinsign)
4. 발화적 지표 개별기호
   (dicent indexical sinsign)
5. 도상적 법칙기호
   (iconic legisign)
6. 레마적 지표 법칙기호
   (rhematic indexical legisign)
7. 발화적 지표 법칙기호
   (dicent indexical legisign)
8. 레마적 상징
   (rhematic symbol)
9. 발화적 상징
   (dicent symbol)
10. 논증
    (argument)

그림 3. *퍼스의 삼분법*

대부분은 그렇지 않으나 어떤 경우에는 생산자나 사용자의 의도가 고고학자의 의도와 같을 수도 있다. 예를 들어 절대적 혹은 상대적 연대기를 수립하기 위해 고고학자가 사용하는 중성자 활성화 분석이나 자계 강도 연대 측정법을 사용하여 도자기를 해석한다거나, 도자기 *조각*의 물질성에 관한 분석을 기반으로 도자기의 공간적 기점을 해석할 때, 이 대상들은 (맥락변수 내에서 생산된 도자기의 일반 패턴을 예시하고 그 중심점의 증거로 해석되는) 발화적 지표 법칙기호로 기능하는 것이다. 반면 고고학자에 의해 집단 정체성 또는 문화적 영향의 기호로서 연구되는 도자기의 *스타일*은 레마적 지표 법칙기호다. 하나의 도자기 스타일의 *연속체*는 고고학자가 역사적 과정의 규칙성을 재현하고자 도자기 유형의 통시적 패턴을 사용하기에 하나의 상징적 '논증', 즉 관습에 의해 (대상 그 자체도 일반적인) 대상을 대신하고 또 관습성이라고 해석되는 일반적 규칙성으로 기능할 것이다.

이런 가상적인 경우를 사례로 제시하는 이유는 스타일의 의미에 관한 문제가 개략적인 차원에서 다루어질 문제가 아니고 다음의 세 가지 상호연관적인 질문들에 따라서만이 다루어질 수 있음을 이야기하고 싶어서이다. 고고학적 유물에 대한 기호학적 의미 분석은 우선 (1) 의미하는 물질이 어떤 성격의 것인지, 예로 조각인지, 장식적 형상인지, 표상인지, 지역 패턴인지, 혹은 이들 중 어떤 것들을 조합한 연속체인지를 물어야 하고, (2) 이 다양한 의미형식들과 주변의 문화적 전통, 사회적 경계, 그리고 (해당 사항이 있으면) 우주적 존재나 힘의 체현들의 실제 관계는 어떠한지를 물어야 하며, 또 (3) 이러한 기호 가능성이 어떻게, 누구에 의해 그리고 어떤 목적에 따라 해석되는가를 물어야 한다. 사용 맥락에서의 기호작용에 관한 연구 없이 의미형식의 조직이나 유의미한 코드 구조를 충분히 분석할 방법은 없고, 이 원칙은 언어적 기호에 대한 분석에서도 그렇고 대상에 대한 분석에서도 마찬가지로 엄격하게 적용되는 원칙이다.

의사소통하는/표현하는/구별하는/체현하는 활동, 즉, 문화적 세미오시스는, 그것을 분석하는 사람이 의도적 목표들, 기호학적 방법들, 그리고 맥락적 요소에 관하여 원칙에 입각한 설명을 구성했을 때 비로소 문화적으로 매개될 수 있을 것이다. 따라서 중기/후기 구석기 전환 *이후의* 선사시대 유물의 '상징력'에 대한 우리의 이해는 불행히도 이전 형식들에 대한 이해보다 더 불충분하다. 수많은 층의 기호학적 가능성, 같은 형식의 다기능적 잠재성, 그리고 해석적 입장의 주된 역할에 관한 고려 없이 이 전환을 설명하려 한다면, 결국 지나치게 간략화된 결론밖에 도출할 수 없다. 유인원과 현생인류 사이의 대조되는 '언어적' 능력에 관한 병렬적 논쟁에서처럼 말이다(Sebeok 1981: 197-198 참조).

함축과 지표성

지금까지의 관찰들로 미루어보아 이제 기호학적 연구 과제에서 가장 중요한 것은 문화 현상에 대한 가장 적절한 분석적 기술을 수립하는 것임이 명백할 것이다. 다양한 현상의 정합성을 보여줄 수 있는 한 가지 방법은, 예로 풍향계, 발자국, 정지표지, 인칭 대명사와 같이 기호와 대상 간에 시공간적 관계가 작용하는 경우를 '지표적'이라고 명명해보는 (그리고 다시 그것 중 타입-토큰 관계로부터 도출된 기호, 지시적으로 '이중적'인 기호 또는 '전환사'로 작용하는 기호, 맥락을 전제하기보다 생성하는 기호 등과 같이 중요한 세부구분법을 추가하는) 것이다. 다른 한 편으로는 예를 들어 언어의 가치 생성 기제로 작용하는 소쉬르의 계열체적 축과 결합체적 축, 또는 메타기호학적 구별인 실버스틴(Silverstein 1976, 1993)의 메타의미론과 메타화용론과 같은 보다 정교한 용어의 유관성을 보여줌으로써 상정된 분석적 통일성을 해체해 볼 수도 있을 것이다. 물론 문화 비교에 있어 합리적 유용성을 넘어 분석적 범주화를 지나치게 정교하게 해야 하는 것으로 주장하는 것, 예로 잠재적으로 무한한 맥락변수 차원을 탐구하거나(cf. Irvine 1992, 1996) 이미 충분히 복잡한 퍼스의 열 가지 기호 종류보다 더 많은 것을 민족지적 자료로 응용하는 것도 가능하다(예: Daniel 1984). 흔히 이런 분석 도구의 특수성과 일반성에 관한 결정은 현존하는 민속기호학적 개념의 영향으로 더 힘들어지기도 한다. 예로 서구예술의 '스타일'에 관한 연구는 회화적 재현에 관한 매우 방대한 원주민 어휘를 참작해야 하는 것 같이 말이다(예: Baxandall 1971, 1972, 1985: 109-116). 또 문화 분석은 국지적으로 다양한 자연기호 대 관습기호의 고전적 이분법과도 자주 충돌해서, 소쉬르는 스토아 철학의 유산을 동기화된 기호의 연속체 대 자의적 기호로 재정의 했었고, 반면 퍼스는 자연적/관습적의 대립을 삼원체의 층위 진 형상으로 재구성했었다.

이 문제에 대한 설명을 위해 이 절에서는 잠시 물질문화 분석에 널리 사용된 한 쌍의 용어, 외연과 함축에 대해 살펴보고자 한다. 나는 특히 바르트에 대한 노만 브라이슨(Norman Bryson)의 재해석에 집중해 볼 것이다. 『시각과 회화: 응시의 논리』(*Vision and Painting: The Logic of the Gaze*)에서 브라이슨(1983)은 바르트의 외연과 함축에 대한 이론을 서구의 '본질의 모사(essential copy)' 이데올로기–즉, 만들어진 이미지가 현실 세계의 그럴듯한 그림이라는, 생산의 사회적 과정과 인식의 문화적 매개성은 고려하지 않은 서구에 만연한 믿음–에 관한 폭넓은 비판을 통해 재조명한다. 이 이데올로기는 실제와 유사한 혹은 사실적 재현을 '기표에 대한 기의의 외면성(exteriority)'을 전제하는 것으로 이해한다(Bryson 1983: 55). 외연적 이미지들이 중재 되지 않은 지각으로부터 나온 것이라는 믿음을 유지하기 위해 사회는 진행 중인 기호학적 은폐 과정을 노출할지도 모르는 모든 문화적 요인을 '자연화'하려 애쓴다는 것이다.

> 그러므로 자연화는 이미지의 목적만이 아니라 사회 전반에 영향을 주는 일반적인 과정이고 이미지 생산과정을 포함한 모든 다양한 사회활동에 영향력을 미치는 과정이다. 문화는 자연계와 불연속적이나 하나의 질서로서 그것과 융합하고 또 실제 자연과의 경계를 그 어디에서도 찾아볼 수 없는 '아비투스'를 그 주변에 생성한다. 생물학적 종의 맥락이 서식지라면 인간 종의 아비투스는 물리적 환경뿐 아니라 격언, 도덕, 속담, 가치, 믿음, 신화의 총체적 집합이다. 아비투스는 사회 구성체의 구성원들에게 경험적 정합성을 제공하고 그들의 문화과정의 규칙성이 영구적으로 재생산 될 수 있도록 보장한다. (Bryson 1983: 14)

여기 브라이슨의 주장은 고전적 보아스(1942b: 535-540)식 원칙, 즉 구성된 이미지는 예술적 지각이 역사적으로 변화하고 문화적으로 변이하는 '도식성(schemata)', 즉 통각의 격자판에 근거하므로 문화적으로 매개된 것이라는 원칙을 따르고 있다.

'본질의 모사' 이데올로기의 주요 영향은 예술적 전통에서의 스타일 변화를 진화론적 방향의 측면에서 덜 한 사실주의(realism)로부터 더 한 사실주의로 설명될 수 있도록 한다는 점이다.

> 거짓 시작점을 진전된 시점과 구별하고 이 둘 모두를 퇴보와 구별하기 위해서는 도식 너머의 세계에 대한 접근 가능성이 필수적이다. 진보와 변화의 차이는 앞서 우리가 그 과정의 결론을 아는지, 결론에 가까워지거나 그로부터 멀어진 정도의 차이를 계측할 사전지식이 있는지에 의존하는 문제이다. 이탈리아 화가 치마부

에(Cimabue)와 지오토(Giotto) 간에는 물론 변화가 있다. 그러나 우리가 치마부에와 지오토 둘 다 평등하게 타당하지 않은 '거짓 시작점'으로 분류하지 않고 그 둘의 차이를 진전이라 부르는 것은, 그 둘의 본질의 모사에의 접근 정도에 달려있을 것이다. 치마부에를 넘어선 지오토의 진전이 치마부에의 오류들을 배제한 것일 뿐이라는 시각과는 무관하게 본질의 모사에의 접근성은 진척의 교리에 필수적이다. (Bryson 1983: 35)

브라이슨은 사실주의에 대한 집착이 미술사적 분석을 왜곡해 르네상스의 단일시점 원근법의 발견을 과대평가하게 했다고 믿는다. 사실, 본질의 모사 이데올로기에 따르면 지각의 보편성은 개인 또는 개별기법 발전을 저해하는 방향으로 작용하기에 재현의 투명성에 이바지하지 않는 스타일 변화는 '목적지를 갖지 않는' 변화이다(Bryson 1983: 11). 이야기하겠지만, 회화 양식은 물론 변하나 그 문제는 이보다는 훨씬 더 복잡한 성격의 것이다.

여기까지는 별 무리가 없다. 그런데 브라이슨은 이 수준을 넘어 외연과 함축에 관한 이론을 수정하고 그 수정된 이론을 토대로 회화는 기호라는 늘 반가운 개념을 제시한다(1983: 38). 브라이슨에 의하면 회화가 기호라는 시각은 시각적 형태를 '의미론적' 내용과 분리하여 보는 전통 미술사적 양식론과 '회화 실천의 물질성'을 간과하는 도상 해석학 모두와 충돌한다. 그리고 회화 지각에의 인식은 그저 투명한 모방(mimesis)에 대한 반응이 아니기에 이미지에 대한 이해는 '이미지가 활성화하는 인식 코드의 생성에서 사회구성체가 갖는 구성적 역할'에 대한 괄호 벗기기를[6] 요구한다(Bryson 1983: 43).

6) 원저자는 여기서 기호를 사회구성체와 분리되어 존재하는 것으로 보는 구조주의 기호학의 시각에 대한 브라이슨의 비판을 이야기하고 있다. '괄호 벗기기(un-bracketing)'의 단어를 사용한 것은 브라이슨의 사회구성체의 역

불가지적(noumenal) 사건은 물론 인식을 동반할 수 있다. 그러나 인식이 올바름의 기준을 따르는 한, 인식은 세상 안에서 *실천적 활동*으로 작용하게 되고 더는 물자체의 장과는 무관하며 이 후자는 그 외양이 우리가 부여하는 그 어떤 것이어도 상관없다. 따라서 이미지와 사회구성체 간 상호작용은 서로 외부적으로 앞서 존재하는 두 실체 간 수렴 또는 충돌로서 간주할 수 없다. 기호와 사회구성체는 연속적이고 같은 기호학적 과정 '안'에 자리한다. 기호는 합의된 규칙성을 획득해야만 기호로서 존재하고, 따라서 기호는 사회구성체 외부에 존재할 수 없다. 이것은 지각주의 사고의 불가피한 시사점이고 경향이긴 하나, 사회구성체가 특징적으로 기호 너머의 어딘가에서 기호에 *압력*을 행사한다고 생각하는 것은 틀린 생각이다. (Bryson 1983: 51)

브라이슨의 논지는 이 시점에서 흐트러지기 시작한다. 외연 또는 일차적 의미, 그리고 함축 또는 그가 이미지에 대한 충분한 기호학적 이론의 근거로 사용하기에 너무 로고스 중심적이라 본 이차적 의미 간 분석적 차이점을 찾는 대신 브라이슨은–바이어스가 그의 논문에서 한 것과 흡사한 방식으로–이미지의 경우, 외연과 함축의 차이가 언어의 경우보다 사실 더 *분명하다*고 주장한다:

언어의 경우, 외연과 함축의 차이가 명확하지 않다. 사전학에서는 가장 많이 반복되는 의미에 특정 단어의 일차적 지위를 부여하고, 이차적, 삼차적 지위를 통계적으로 덜 빈번한 의미에 부여하는 것이 정당할 수도 있겠으나, 잘해야 단어의 중심적, 관습적, 규범적 가치에 대한 생각을 바탕으로 대충 형성된 이 구분은 문학 텍스트에 이르면 완전히 파괴되어 버린다. 어느 지점에서 소설의 문학적 서사가 끝나고 그것의 일반화된 또는 상징적 의미가 시작되는가? 시적 텍스트의 경우, 어

할을 부수적인 것으로 보지 않아야 한다는 주장을 반영한 것으로 보인다.

디에서 언어의 외연적 층위를 이차적 또는 함축적 의미의 층위와 구분할 수 있게 되는가? 이미지의 경우 외연과 함축 사이의 선은 훨씬 *더 분명하고 경계를 잘 드러낸다*. 예를 들어 사진의 경우, 사진의 외연적 양상은 단순히 '저기 있는 무엇'이고 함축적 양상은 그 드러난 내용과 접한 이데올로기적 혹은 신화적 구성이다. (Bryson 1983: 60, emphasis added)

브라이슨은 그래서 우선 외연을 도상학적 코드의 사례와 같이 도식에 의한 기호학적 재현으로 재정의하는 구출의 작업을 펼친다. 다시 말해 그는 지각된 회화 내용과 언어의 상징적 또는 의미론적 부호화를 동일시하고, 함축을 보충적이자 비지시적인 것으로 혹은 그의 표현에 따르면 '인식의 도식에서 "먼 쪽"에 있는 것'으로 파악한다(Bryson 1983: 64). 회화의 함축에 관한 그의 설명에는 다음의 양상들이–(1) 작품 생산에 소요된 시간의 '흔적'으로 해독될 수 있는 붓놀림과 같은 시각적 요소; (2) 하나의 체현된, 개별 관람자를 명시하는 회화에서부터 예배집단을 제시하는 예술작품까지, 회화와 관람자의 관계에 관한 다양한 양상; (3) 몸짓과 의복처럼 신체적 습관(hexis)의 재현에 이바지하는 암묵적 체계; (4) 원근법 체계와 다른 종류의 결합체적 텍스트성을 포함하는 시각자료 배열의 구성적 양상; (5) 회화와 그것의 물리적 진열 맥락(액자, 공공영역, 박물관 등)의 관계; (6) 회화와 사회경제적 맥락의 관계; (7) 이미지 생산에 영향을 주는 해석에 관한 전제된 규칙들; 그리고 (8) 이미지의 언표내적, 권고적(hortatory), 또는 수행적 기능이–포함되어 있다.

브라이슨의 두 번째 단계는 외연과 함축 사이의 역동적 교차지점에 관한 바르트의 의견을 뒤바꾸는 것이다. 잘 알려진 바르트의 논의에 따르면, 함축의 '상위(相違)적 체계들'에서는 첫 의미작용 체계의 기표와 기의의 외연적 관계는 둘째 함축된 의미에 관한 보다 더 포괄적 의미작용 체계의 기표가 된다(Fig. 4). 그리고 이차적 체계의 이데올로기적 기의는 그 근원이 계열적 종류의 상징적 연계에 뿌리를 두고 있음에도 불구하고 유사한, 투명한, 또는 상대적으로 동기화된 외연적 통합체(syntagm)의 투영의 힘으로 '자연스러운 것'으로 이해된다.

> 이 [지시의] 환상의 진실은 이것이다: 외연의 기의로서 사실적 발화행위로부터 배제될 때에, '실재'는 함축의 기의로서 그것에 되돌아가는 것이다. 왜냐하면, 이들 세부사항이 직접 실재를 *외연 함*이 부정되는 그때, 그것들이 행하는 모든 것은 그것을–그런다는 말없이–*의미하는* 것뿐이다. (Barthes 1986: 148, 다음을 참조 1969, 1972, 1974: 6-9, 1977a, 1977b, 1983)

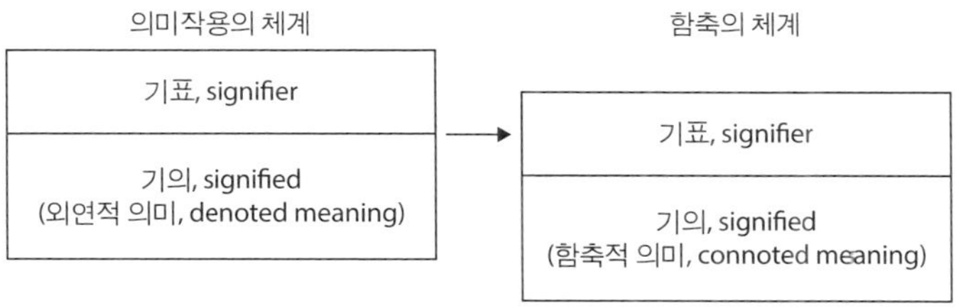

그림 4. *바르트의 함축 모델*

브라이슨은 '실재 효과(effect of the real)'는 바르트의 모델에서와같이 투영에 따른 문자적 층위로부터 이데올로기적 층위로의 불시착이 아니라, 도상학의 공식적, 표준적, 일의적, 그리고 부호화된 의미론을 넘어선 함축적 기표에 대한 '노력 충만한(effortful)' 해석의 결과물이라며, 바르트의 주장을 단순히 뒤바꾸어 버린다. 함축적인 부분들이 규범적 질서에 의해 동기화되어 보이지 않는다는 바로 그 이유로, 함축적 세부사항은 해석자가 의심의 수위를 낮추고 회화의 비지시적 기호를 증거로 삼도록 한다는 것이다.

> 사실주의가 외연적 그리고 함축적 의미 사이에 특별한 관계를 구축하는 것은 바르트의 말처럼 지각의 우발적이고 입증 불가능한 수수께끼에서가 아니고 일의적 도상학에 의해 세워진 필수성과 비필수성 사이의 모순에서이다. 이 모순이 세워진 이상, 그 후 함축은 외연을 가리는 방향으로 작용한다. … (Bryson 1983: 65)

(브라이슨의 외연이 바르트의 함축과 거의 동등하게 되는) 이 도치를 통해, 외연의 정의는 상대적으로 비부호화된 것에서 세밀하게 부호화된 것으로 바뀔 뿐 아니라, 바르트의 상위적 체계(staggered system)의 개념(함축적 기표로 외연적 관계가 사용됨으로써 함축이 외연을 아우르는 것)은 기호학적 변수의 범위를 통합하는 하나의 *동-층위* 대립으로 대체된다. 브라이슨의 이미지의 외연적 양상과 함축적 양상의 대조 사례는–(1) 명시적 대 암묵적 코드화, (2) 전제적 대 창조적 가치, (3) 탈맥락적 대 맥락적, (4) 한정된 또는 편제된 해석 대 비한정된 또는 비편제된 해석, (5) 높은 대 낮은 수준의 메타기호학적 인식, (6) 공적 대 사적 의미, (7) 텍스트적 의미작용 대 사회과정적 의미작용, (8) 인공물로 파악하는 이데올로기적 해석 대 '자연에 있는' 또는 자연적인 것으로 파악하는 이데올로기적 해석–의 경우들을 포함한다. 브라이슨의 주장에 따르면, 외연과 함축의 차이는 코드 유형으로부터 해석의 다양성, 텍스트 조직성, 편제하는 이데올로기의 양상까지의 전반적인 기호학적 구성에 걸친 파문과 결과를 갖는다. 여기에 우리는 주목해야 한다. 왜냐하면 이것은 최소한 브라이슨이 설명한 것보다 더욱 복잡한 무언가가 있음을 시사하기 때문이다.

브라이슨의 미술사적 사례들을 (이제는 독자들에게도 익숙할 법한) 퍼스의 '상징적' 그리고 '지표적' 의미양식에 비추어 볼 수 있음을 알면, 위 대립들은, 내 생각에는, 더 적절한 방법으로 설명될 수 있을 것이다. 브라이슨 본인도 외연/함축의 재정의를 소개하면서 상징적 또는 비동기화된 기호와 지표적 또는 동기화된 기호의 개념을 사용했었다(그런 후 서구 미술양식의 변화를 논하기 위해 직시의 개념으로 관심을 돌렸다). 그러나 브라이슨은 퍼스의 모델로부터 혜택을 받지 못했다. 그 이유는 그는 지표기호가 사회적으로 코드화된 것이 아니라는 그릇된 추정을 했고, 따라서 그가 맹비난한 '자연적인 태도(natural attitude)'와[7] 기술-결정주의에 해당하는 것으로 간주했기 때문이다.

> 스펙트럼(spectrum) 또는 '자연적인 유사성'과 가깝거나 먼 정도의 차이를 측정하는 차등적 척도(sliding scale)에 대한 발상은 기호론적 용어로 본질의 모사의 낡은 교리를 단지 되풀이할 뿐이다. 특정 기호-체계는 그것이 재생산한다고 하는 앞선 실재에 자연적으로 더 가깝다고 주장되는 반면 다른 체계는 자연과 떨어진 거리에서 순수하게 인위적인 관습으로 형성된다는 주장이다. 문제는, 이 차등적 척도의 타당성을 증명하려면 기호를 넘어 직접 그리고 매개 없이 의식에 노출되는 세계에 눈을 돌리고 그 후 거기에서 다른 체계들을 비교해야 하는데, 이것은 이미 자연적인 태도에 관해 제기된 모든 반론을 모두 다시 제기한다는 것이다. 차등적 척도라는 발상은 본체적으로 드러나는 실제에 다가가 있거나 멀다는 근사치의 개념을 특정 사회가 실재(Real)라 하는 것에 다가가 있거나 멀다는 근사치로 대체할 때에만 비로소 가능한 발상이다. 즉, 기호와 의식 안에 드러나는 세계의 초월적 비교의 자리에는 사회적으로 구성되고 사회적으로 자리 잡은 인식의 코드가 있어야 한다. (Bryson 1983: 52-53)

그런데 이 모든 자연적 기호에 관한 반론을 주장하던 중 브라이슨은 지나치게 반대편으로 나아가 회화의 '의미론'을 정확히 '지표적'인 용어로서, 즉 '의미의 생산과 그 자체의 인식을 위하여 이미지가 담론과

---

7) 자연적인 태도는 회화 바깥의 세계에 대한 존재를 믿고, 그 실재의 사실적 재현을 회화의 목표로 삼는 것을 지칭하는 용어이다.

의 상호작용에 의존한 하나의 결과물'로 재정의하게 된다(1983: 85).

다행한 것은 퍼스가 제시한 여러 가지 분석적 도구는 우리가 지표기호를 자연적인 태도로부터 구출할 수 있도록 하고 또 브라이슨의 '함축'은 결국, (1) 지표 법칙기호가 맥락적 세미오시스에서 특수 지표 개별기호인 '복제'로 실현되는 것, (2) 관습적 지표, 즉 비서구 전통 사회에서 흔히 발견되는 기호학적으로 이중적인 이미지, (3) 발화적 상징, 즉 지표로 그것을 하향전환(downshift)시키는 해석체를 한정하는 관습적 기호, 그리고 (4) 지표적 도상, 즉 시공간의 선형성 때문에 다이어그램 조직의 대칭성을 드러내는 기호를 포함하는 다양한 지표성의 징후를 느슨하게 묶어 놓은 것뿐이라는 것을 볼 수 있도록 한다. 지표기호는 비문화적, 비사회적, 혹은 비역사적인 기호들과는 거리가 멀다. 지표야말로 문화 분석에 가장 큰 잠재력을 지녔다고 할 수 있다. 하지만 지표가 손쉽게 코드화되지 못하는 이유는 그것이 본래 다기능적이고 비등정형의 기호이기 때문이다. 물론 우리의 과제가 그저 지표적인 시각기호 양상의 목록을 만드는 것은 아니다. 우리의 과제는 그보다 통시적인 그리고 비교적인 연구를 통해 다양한 지표성의 징후 간 함축 관계를 설명하고, 동시에 지표성의 거친 모서리를 간편하나 오해를 불러일으키는 의미론적 개념으로서 펼쳐보려는 시도에 유의하는 것이다. 나는 브라이슨이 스스로 그토록 피하려 했던 바로 그 오류에 사로잡혔다고 생각한다. 그는 언어에 기반을 둔 범주들인 외연과 함축을 통해 회화의 비중첩적 지표기호의 다양성을 *코드화*하려 한 것이다. 그의 노력은 본질의 모사의 민족적 이데올로기와 미술사적 이데올로기를 극복하고자 하는 매우 타당한 것이었다. 그러나 그러한 노력 중 브라이슨은 함축이라는 민속적인 개념을 사용했고 결과적으로 풍성한 퍼스의 지표성 개념을 탐구할 수 있는 황금 같은 기회를 놓쳤다. 흥미롭게도 최근 브라이슨의 기호론과 미술사에 관한 논의는 퍼스의 지표를 이용해 이전에 분명히 함축의 양상이라고 했던 (1) 이미지와 의미의 실존적 관계, (2) 이미지 내적 관계, (3) 관람자의 시선, 즉 안구운동을 직접적인 방식으로 가리키는 회화의 특질들, 그리고 (4) 화가의 손놀림에 관한 기호들을 설명하고 있다(Bal and Bryson 1991).

힘의 토큰으로서의 대상

나의 마지막 주제의 제목을 '황금으로 형성된 지표성'이라고 대체해야 하지 않을까 싶다. 이 절에서는 '힘(power)'을 생성, 체현, 번역, 또는 이동하는 주술적 부적, 성상, 성유물, 그리고 교환되는 귀중품, 즉 사회적 상호관계 선상에서 창조적 지표로 작용하는 특별한 범주의 대상에 관한 비교문화연구를 논할 것이기 때문이다. 이러한 힘의 토큰 작용들을 뒷받침하는 민족기호학적 가정들은 매우 다양하다. 언어로부터 사물이 권한을 부여받기도 하지만, 때로는 언어와 무관하게 사물에 힘이 있다고 생각되는 예도 있다. 트로브리안드(Trobriand) 제도에서는 특별한 돌들에 주문을 외우면 농경의례 때 필요할 주술적인 효능이 은밀히 저장된다고 생각되었고(Malinowski 1985), 파푸아뉴기니 세픽(Sepik) 지역 아벨람(Abelam) 사회에서는 탐바란(*tambaran*) 숭배 의례에서 사용되는 이미지들의 힘이 부수적 언어 행위가 아닌 색색의 물감 그 자체에 존재한다고 여겨졌다(Forge 1970). 또 러시아 성화에서의 시각기호는 실제 명각(銘刻)됐거나 전제되는 텍스트 담론과 복잡한 관계를 지닌다(Uspenskij 1975, 1976a, 1976b: 11).

우리는 물론 사진적 도상성이 사실주의의 유일한 원칙이라고(즉, 사실주의는 항상 자연주의라고) 전제하지 않도록 특히 주의해야 할 것이다. 다양성의 두 번째 축은 이미지의 창작과 작용에 영향력을 행사하는 재현적 '사실주의'의 이데올로기이다. 비교문화적으로 볼 때, 재현은 형상화적 도상성 없이 하나의 묘사된 실체를 *다시* 드러냄으로써 시공간적 효력을 지닐 수 있고, 또는 재현된 신의 초월성을 부정하는 해석을 미리 방지하도록 모방적 복사가 금지되는 사례도 있다. 메소아메리카 올메크 문명의 거대한 두상들(Olmec heads)의 사례가 이 두 가지 경우의 중간지점 정도에 위치한다고 볼 수 있다. 이 두상들은 역사 속 특정 정치인들의 얼굴을 나타내는데, 그 사실적 묘사는 그 정치가들의 권력을 이미지 맥락으로 이동시키는 한편, 그 엄청난 크기는 경외감을 불러일으키는 권위와 위계적 거리를 의미하도록 한다. 올메크 두상들은 통치자들이 취임식 때 실제 앉았던 왕좌의 석조를 재조각한 것일 수도 있다(Porter 1989). 비모방적인 추상화된 사물은 다른 전통 사회에서 기념비적인 목적 이외에도 일반적으로 지각할 수 없는 세계와 힘을 가리키기 위해 사용되기도 한다(Pasztory 1990: 133). 또 신성성을 구성하고 드러내며 그래서 초월화 된 신성성을 다시 은폐하는 일련의 의례과정 중 이미지들을 조작하는 데에 사용되기도 한다(Valeri 1985: 300-302).

세 번째 다양성의 축은 특정 대상을 보편적 문화 유형에 귀속시키는 더 큰 분류적, 다이어그램적, 과정적 범주들에 관한 인식의 정도이다. 벨라우의 역사표시물인 올랑(*olangch*) 혹은 파푸아뉴기니 마심(Massim) 지방의 쿨라(*kula*) 귀중품의 사례에서처럼 사회주체들은 특정 대상이 폭넓은 범주에 속한다는 것을 인식하나 정작 사물의 힘의 원천은 범주가 *아니라고* 생각할 수 있다. 희미한 기능적 규칙성이나 피상적인 물리적 유사성으로서 상대적 범주들을 구성하는 것은 매우 위험한 시도이다. 예로 와이너(Weiner 1992)는 '양도할 수 없는 소유물'의 범주를 사용하여 고유 명사, 신성한 돌, 조상의 유골, 진주 조개, 옷감, 조개 목걸이 등의 다양한 사물을 하나로 묶으려 한다. 그러나 면밀하게 분석하면 이 사물들에서 공통으로 발견되는 문화요소는 부재하고, 와이너가 제안하는 '우주론적 증명'의 특징 또한 당연히 없다. '메타패턴'(Herzfeld 1992), 즉 하나의 반복되는 비교 맥락적 배열은 문화적 인식의 대상일 수도 있고 또 아닐 수도 있다. 그 예로 아메리카 원주민 주니(Zuni) 족의 우주론적 상징주의에서의 체계적인 다이어그램적 조직성과 잉카제국에서의 복합적 패턴화를 대조하여 보자. 주니 족의 경우 방향, 색채, 농경기, 토템 동물, 그리고 사회집단의 상동 관계들이 물리적으로 예시되고 서사적으로 재연된다. 잉카제국의 경우, 역사적 관점과 비교의 관점을 결합해야만 보완적 세분화, 위계적 이항성, 그리고 나선형 상호조화의 패턴들을 이해할 수 있다(Gose 1993; Zuidema 1989, 1990). 여기 또다시 특정 메타패턴의 의미가 일정할 것이라는, 예를 들어 세분화, 4분할화(quadripartition), 혹은 유표성 위계 등이 어느 사회에서나 똑같은 문화적 가치를 지닐 것이라는 비교연구의 위험한 전제가 도사리고 있다(Parmentier 1985a). 허츠펠드가 유의해서 관찰하였듯, 증거가 부족한 상황에서는 메타패턴들이 중요한 분석적 단서들을 제공하지만, 이것은 오로지 단일한 민족지적 환경으로 국한된다.

네 번째, 힘의 토큰들은 거래적인 양상의 유형에 따라, 즉 민족지적 기록에 드러나는 교환, 순환, 또는 증대, 아니면 저장, 은폐, 또는 파괴에 대한 규범적 양식에 따라 구별될 수 있다(cf. Parmentier 1994b: 48). 전체 사회를 대칭적 호혜성 또는 선물에 담긴 영혼 하우(*hau*)와 같은 거래적인 논리로서 특징짓기보다는 사회집단, 상호작용 양상, 그리고 사물 범주의 교차지점을 찾고 지표적 창조성의 복잡한 선형(線形)에 주의를 기울이는 것이 더 안전할 것이다. 예를 들어 어떤 사회맥락에서의 대상의 재분류법은 대상의 물리적 부분에 대한 인식과 일치하지 않을 수 있고, 또한 주요 의례에서의 사용이 배제된 대상이 이 이전의 맥락을 계속하여 넌지시 드러낼 수 있다(Schwimmer 1990: 10).

내가 나열한 언어적 매개, 사실주의적 재현, 패턴화에 대한 인식, 그리고 거래적 양상의 네 가지 비교의 차원들이 분석적 유형 분류체계의 전부라고 받아들여지지 않기를 바란다. 하지만 이 정도의 목록이라면 민족지적 과제가 이 네 가지 비교의 차원들을 포함한 여러 축 간의 상관관계를 찾는 것임을 제안하는 데에 충분할 것으로 본다(cf. Tambiah 1984: 343).

이 상관관계들에 관한 기호학적 관점은 다수의 사례에서 힘의 토큰의 특징 중 하나가 분석적으로 구별되는 패턴들과 과정들의 동시적 상호작용임을 가리키는 데에 특히 도움이 된다. 잉카제국의 수도 쿠스코(Cuzco)에서의 '황금으로 형성된 지표성'을 하나의 예로 살펴보자. 잉카의 수도를 에워싸는 두 개의 강 사이에 위치하는 태양의 신전 코리칸차(Coricancha)(직역하면 '황금의 울타리')는 잉카의 중심축에 있었고 신전단지는 수평선을 향한 사십 개 사선의 체계를 각각 신성한 석조나 지세(地勢)로서 유표하여 고정하였다. 태양의 신전 중심의 태양 광장(Hall of the Sun)은 아침 해가 700개의 황금 반사판으로 덮인 신전 벽을 비출 수 있도록 설계되었다. 스페인군이 신전 건물들을 파괴하고 그 터에 도미니크회 성당을 세웠기에 중앙의 신성한 공간에 어떤 이미지들이 있었는가에 대해서는 상당한 혼선이 있지만, 초기 연대기 편자들의 기록은 창조자 비라코차(Virococa)를[8] 재현하는 황금의 타원형에 대해 언급한다. 태양신 인티(Inti)의 재현에 관해서는 더 잘 기록되어 있는데 인티는 태양의 의자 바로 옆의

8) 비라코차는 잉카 신화에서의 창조신이다.

왕좌에 황실 의복을 입고 앉아있는 소년의 황금 동상으로 재현됐다고 한다(MacCormack 1991). 하나의 기록에는 한낮의 태양 푼차오(Punchao)를 재현하는 황금 이미지에 대한 언급이 있는데, 통치권자가 정치적인 결정을 내리기에 앞서 사적으로 그곳을 찾았다고 한다(Gose 1996: 12). 태양의 자손으로 여겨졌던 사망한 잉카 지도자들의 미라들은 황금 옆에 있었다. 달, 금성, 묘성(Pleiades), 번개, 그리고 무지개의 천상의 힘을 그린 이미지들을 담은 작은 방들이 신전 중심의 태양광장을 둘러싸고 있었다. 신전단지에는 라마와 옥수수와 같이 잉카 존재성에 중심적인 것들로 여겨진 대상들의 작은 모사모형들이 수집되었다. 잉카 지도자들은 또한 그들을 본뜬 황금 모형을 만들었는데, 그들의 머리카락과 손톱으로 장식된 이 이미지들은 잉카왕국이 지속할 때까지 유지됐고, 지도자들 사후엔 이 모형들이 그들의 대체물이 되어 제물과 최고 통치권자에 대한 예우를 받았다(Gose 1996: 10-11). 태양의 신전은 또 신령과 의사소통을 할 수 있는 곳이었다. 신전에는 '이야기하는 사제(Priest Who Recounts)'라 불리는 태양 숭배 최고의 사제가 있었는데, 이 사제의 신령적 말은 태양의 목소리로 여겨졌고 선출된 새 통치자는 그의 말로서 '태양의 아들'로 인정될 수 있었다(Gose 1996: 15). 사제의 단어가 새로운 지도자에게 생명을 주는 태양의 힘을 불어넣는다는 믿음이 있었던 것이다. (여기서 파차쿠티 얌쿠이(Pachacuti Yamqui)가 분석한 잉카 우주론의 다이어그램에 관해서는 안타깝지만 빼고 이야기한다. 얌쿠이가 사용한 이미지는 매우 유용하나 유럽의 접촉 후 유럽 텍스트 모형의 영향을 많이 받은 것일 가능성이 있다. Harrison 1989; MacCormack 1991; Silverblatt 1987; Sullivan 1996를 참조.)

여기에 작용하는 다수의 기호학적 원칙들에 주목하자. 우선 (1) 어머니는 은의 달이었던 반면 금은 근본적으로 남성 태양을 나타내는 물질이자 잉카인들의 조상을 나타냈기에, 잉카세계에서 황금은 최상의 도상적 자질기호이고; (2) 신전단지는 천상의 여러 힘 사이의 관계를 나타내는 다이어그램 기호이다. 달은 태양의 옆에 위치하고, 번개는 태양의 시종으로서 배열되며, 무지개는 여러 태양광선 간의 통일성을 나타내는 기호로서 전시된다. (3) 도상적인 작은 모사모형들의 수집은–쿠스코에 보관된 '타입'으로서의–잉카세계 대상들이 신전 중앙의 확산지점에서 굴절되는 태양광선에 의하여 생성되고 따라서 재생성된다는 관념을 강화하고; (4) 신전단지의 내부 '텍스트적' 조직은 지상의 그리고 천상의 지점들과 지표적으로 연결되었다. 그리고 (5) 이 다수의 시공간적 맥락에의 고정화는–적어도 최근의 한 연구에 따르면(Sullivan 1996)–그저 수동적인 것이 아닌 천상계의 엮기를 통한 다섯 번째 태양의 회전 정지를 방지하기 위함이었다. 이것은 스페인 군대가 황금을 녹여 유럽으로 가져갔으므로 역사적으로 불가능했음이 증명됐다.

힘의 토큰에 대한 기호학적 해독의 마지막 사례는 중세시대 유럽에서 가져온다. 중세의 성유물은 지표로서 작용하고 또 진품으로 *해석*되어야 하는 발화적 지표 개별기호로 유용하게 해석될 수 있다. 하나의 유물은 그것이 더 큰 사물의 일부 혹은 조각일지라도 하나의 유일무이한 대상이기에 개별기호이다. 그것이 '지표라는'(즉, 발화기호로서의) 문화적 해석은 대상과 성스러움의 원천 간의 지표성 관계를 어떤 경험적 증거나 검사(예로 '토리노의 수의(Shroud of Tourin)'의 '진위'에 대한 현대의 과학연구)로서 입증하는 문제가 아니다. 성유물의 진위성은 두 가지 대조되는 방식으로 수립된다. 첫째, 기적, 치유, 환영, 생식력, 공동체 보호, 군사적 승리 등과 같이 기호를 전능한 것으로 구성하는 일군의 해석체를 발견함으로써 진위성이 수립될 수 있고; 둘째, 하나의 가시 면류관 조각 또는 성 십자가의 못과 같은 성유물이 현재 장소로 '운반된(*translatio*)' 역사적 과정을 서사적 진술로서–그것이 샤를마뉴 대제(Charlemagne)에 의해 성지(Holy Lands)로부터 독일 아헨(Aachen)에 있는 그의 왕좌로 옮겨졌다가, 그 후 다시 프랑스 파리 외곽의 생드니(St.-Denis)에 선물 되었다는 식으로–엔텍스트화되어 수립될 수 있다. 12세기 중반, 베즐레(Vézelay)의 라 마들레느 성당(Church of La Madeleine)에 불이 나서 성모 마리아 목상이 검게 그을렸는데, 그것을 복구하던 이가 목상 안에 비밀스러운 문이 있고 그 속에는 성모 마리아의 머리채 한 줌과 요한 세례자(John the Baptist)의 뼈, 성 야고보(St. James)의 엄지손가락과 같은 유물이 숨겨져 있음을 발견했다. 푸아티에의 휴(Hugh of Poitiers)[9]는 유물이 '각각 무엇인가를 밝히는 작은 쪽지들'도 함께 발견되었다고 적는다(Freedberg 1989: 94에서 인용).

이 두 가지 기호학적 해석 과정이 순차적으로 적용된다. 증명된 효능 없이는 어떤 유물도 엔텍스트화된 역사에만 의존하여 진위성이 입증될 수 없다는 것이다.

> 따라서 인간의 유해에 불과한 사체는, 유해의 정체성을 성인의 정체성으로 그리고 그 성인이 행사한 실제 기적적인 힘을 유해의 힘으로 강조하는 공적 의례를 통하여 성스러운 유골로 변모한다. 가장 중요한 것이 성인이 실제로 행사한 기적적인 힘을 유해의 힘으로 강조하는 것인데 그 이유는 특정한 성인의 진짜 성유물을 누가 소유했는지에 관한 여러 공동체 간 의견대립이 빈번했고 심지어는 폭력적이기도 했기 때문이다. 가짜 유물에 대한 식별과 진짜에 관한 주장의 진위는 결국 매우 실용적이고 기능적인 증거에 따라 결정됐다. 성유물로서의 기능을 하면, 즉 초자연적인 힘의 개입의 경로로 작용하면 진품이었다. 만약 그렇지 않으면 그것

9) 푸아티에의 휴는 베네딕트 수도회의 수도사이고 연대기 작자이다.

> 은 외적 증거의 강력함과는 무관히 가짜였다. 성유물로서 인정을 받게 되면–그것이 진짜이고 효험이 있다고 인지되기 시작했다면–그 의미와 가치의 지속가능 여부는 계속하여 기적을 연행하는지, 다른 유물 그리고 힘의 원천과 견주어 얼마만큼의 상대적 가치가 있는지에 달렸다. (Geary 1986: 178)

중세의 기록은 이러한 기어리(Geary)의 주장을 뒷받침한다. 예로, 동방 박사(Magi)가 베들레헴(Bethlehem)으로 가져온 황금 조각들로 만들어졌다고 하고 랭스(Reims) 성당에서 보물로 취급되던 큰 황금 성작을 약탈자가 가져가, 성체성사를 조롱하는 몸짓으로 불손하게 성작을 들어 올려 입술에 가져다 대는 흉내를 냈을 때, 그는 미치게 되었고, 그래서 '뜻밖의 주제넘은 행동으로 생긴 이익금을 한 푼도 쓰지 못하고 대신 경솔한 탐욕의 대가를 치르게 됐다'고 기록은 적는다(Guilbert of Nogent in Benton 1984: 60). 더 긍정적인 사례로는 성모 마리아의 가운 일부와 십자가 형 때 쓰인 스펀지 한 조각이 담겨있다고 하는 성유물함이 영국해협에서 해적을 몰아낸 것으로 믿어졌고 그래서 그 후, '하느님에 대한 많은 감사와 찬미와 함께 성유물함이 있는 배에 오르는 상인들은 자애로운 성모 마리아에게 많은 선물을 드렸다'는 기록이 있다(Guilbert of Nogent in Benton 1984: 195)

결론

우리가 살펴본 한편으로는 기술적 환원주의이고 다른 한편으로는 언어-유사적 상징성의 극단적 사례들인 이 물질적 인공물에 관한 연구들은, 어쩌면 지표 법칙기호의–즉 관습적 지표, 지표적 상징, 또는 지시적 전환사의–비교문화적 중요성을 제대로 알아보지 못함에서 기인하는 실패 사례들일 수 있다. 대상의 특질을 '추론적 지표(inferential indexes)'(Baxandall 1979; Summers 1994) 혹은 역사적 재구성을 위한 *우리의* 과업을 가리키는 역사적 '단서'(Ginzburg 1989, 1992)로 바라보는 매우 편협한 시각은 우리가 너무 쉽게 물질세계의 실체적 자질들, 시간적 표지들, 그리고 조직적 패턴화가 그것을 만드는 공동체들에는 보편적 의미의 규칙성의 토큰일 수도 있음을 망각하도록 한다.

IV
기호학적 유형분류체계에 대한 민족지적 관점

4

기호학적 유형분류체계에 대한 민족지적 관점

이제 이 마지막 장에서는 문화에 대한 기호학적 유형론의 가능성과 한계점, 다시 말해 세미오시스의 차원들을 다양성의 주축으로 바라보는 비교문화연구 관점의 유용성에 관해 논의하고자 한다. 기호학적 유형론에 관한 방대한 연구를 살펴보면 네 개의 문화 세(epoch) 또는 문화유형을 다음과 같이 특징짓는 일반적인 경향을 찾을 수 있다.[9] (1) '야생의 사고'의 '원시' 혹은 '고대' 세계; (2) 고전 그리고 중세기 유럽 문화; (3) 르네상스에서부터 산업혁명까지의 근대; (4) 그리고 후기-산업화 시대의 포스트모던 문화가 그것들이다. 다수의 연구자는 제1세의 신화 시적 세계와 제4세의 포스트모더니티를 극과 극으로 간주한다. 상징이 제1세에서는 기표와 기의를 구분하는 중요한 경계선에 대한 의식의 부재 하에 사용된다면 제4세는 의미작용 활동 그 자체가 그 어느 지시적 기반으로부터도 분리되고, 근원적 역할인 메타언어의 질서화는 글로벌 자본주의의 예외적 경우를 제외하고는 부정되며, 주로 텔레비전 이미지에 의하여 매개되는 향수적 자기 지시에 탐닉하는 양상을 보이기 때문이다. 이 양극 사이에는 종교적으로 충전된 중세가 있다. 해석이 정교한 메타언어에 의해 통제되었던 덕분에 그리고 초월적 의미에의 믿음은 그것의 기호와 지시체가 우상숭배에서처럼 융합되지 않은 물질적 기호가 필요하다는 일관된 세계관 덕분에, 중세에서의 상징주의는 상징주의*처럼* 보였다. 마지막으로 전통의 무게로부터 자유로워졌으나 국가 관료제, 과학적 실험활동, 그리고 비서구 사회의 착취에 따른 요구들에 민감했던 근대에는 관습적 기호의 가치가 높게 평가되는 특징이 있었다.

학문으로서의 기호학이 자신을 스스로 *비평적* 또는 자기 비판적 성격의 학문으로 정의하는 만큼 문화유형론의 문제는 중요한 것인데 그 이유는 현대 기호학의 학문적 발흥이 그것이 스스로 설명한다고 가장하는 사회구조의 산물이기 때문이다(Godzich 1985). 문화의 역사에서 기호학성(semioticity)에 특히 민감했던 세들이 있었고, 당연히 이 기호학과 문화유형론의 대응관계의 전례는 존재한다. 참고로 이 기호학성에 대한 높은 민감도와 늘 거듭되고 항구적인 문화 현상으로서의 세미오시스의 우세적 상태는 다른 것이므로 주의가 요구된다. 어떤 학자들은 후기구조주의의 전형적 실현으로서의 기호학과 포스트모더니즘의 기조가 잘 어우러진다고 주장했다. 반면 다른 학자들은 국제 기호학의 움직임이 근본적 에피스테메를 상실한 자리를 메꾸고자 제국주의적 양상을 띤다며 이에 반대되는 주장을 내세웠다. 예를 들어 럼스덴(Lumsden 1986: 203)은 '근대의 주된 업적이 세계의 파편화와 물질화였다. 포스트모더니티의 긴급한 과제는 개념, 기호, 그리고 자연을 솔기 없이 연결하는 학문으로서 세계를 재구성하는 일일 것이다'라고 적었다. 그러나 생물학적 그리고 문화적 현상에 대한 기호학, 진화생물학, 그리고 인지과학 연구를 통합하고자 하는 확신에 찬 노력은, 혼성모방(pastiche), 부유하는 기표들, 상품물신숭배,

그리고 파편화의 세계와는–적어도 언뜻 봤을 때는–거리감이 상당히 있는 것으로 보인다. 그렇다면 이 절에서의 나의 궁극적 목적은, 근대성에 대한 지속적 비판 그리고 신화적 동일화, 알레고리적 해석, 기호학화 된 초과실재(hyperreality)로의 의사민족지적 도피들 사이에 어떠한 연관성이 있는지를 묻는 것, 즉 명시적인 문화적 메타언어를 만들어내는 이론가들이 비교체계를 구성함에 기호학적인 기준을 사용하는 어떤 원칙적 *기호학적* 이유가 있는가를 묻는 것이다.

나는 이에 연관된 문헌들을 읽으며 우선 과도한 기호학적 유형분류에 사용된 구체적 척도들의 다양성에 반응하게 된다. 예로, 문화 혹은 문화유형은 (1) 상징적 형식의 대상화 양상에 따라서; (2) 코드 위계의 상대적 구조화성에 따라서; (3) 토큰 층위 기호학적 매개에서의 특정 기제의 우세에 따라서; (4) 표현적 기표와 내용적 기의의 대조되는 중요성에 따라서; (5) 의사소통 경로의 격차율에 관한 인지적 한정에 따라서; (6) 편제적인 메타언어의 정교함 정도에 따라서; (7) 목적론의 차이에 따른 기호학적 영향에 따라서(예: 지표 개별기호의 세계가 유명론과 경험론에 따라 다르게 규정되는 것); (8) 민족기호학적 이데올로기의 번성함 대 억제됨에 따라서; (9) 지배적인 기호학적 비유의 역 가치화(valorization)에 따라서; (10) 기호학적 가치 생성의 제도적 중심지(즉, 상징적 생산의 엔진)에 따라서; (11) 의미작용의 경계, 다시 말해 소쉬르적 기표와 기의 사이의 구분 선(bar)에 대한 자연화 대 기호학화에 따라서; (12) 환유적 대 은유적 기호구조의 기능적 분산에 따라서; (13) 퍼스의 일차성, 이차성, 삼차성에 의한, 또는 도상, 지표, 상징에 의한 문화의 범주화에 따라서; (14) 특정 보편적 기호학적 텍스트의 상호텍스트적 모델링의 힘에 따라서(예: 중세 저서와 포스트모던 이미지의 호머식(Homeric) 엮음); 그리고 (15) 기호의 발신자 또는 수신자로의 상대적 '입장 설정' 또는 지향에 따라서, 다양한 방법으로 줄 세

워져 있음을 읽었다. (이러한 다양한 이론적 관점을 담은 논문이 각주 8번에서 어느 것인지를 밝히는 것은 독자의 재미로 놔두려 한다.)

다양한 부류의 문화 분석가 이론에 기호학적인 개념들이 스며들었다는 것은 고무적이다. 그러나 동시에 우리는 이렇게 다양한 방식으로 제안되는 세부 유형론에 대해 어느 정도의 불편함을 느낄 수 있어야 한다. 이와 같은 유형분류에서 기호학적 유형론자에 의해 사용되지 않은 원칙적 기호학적 대립, 분류, 또는 분석적 구별은 *하나도* 없다고 할 수 있을 정도이다. 다행인 것은 내가 알기로 어리석게 퍼스(*CP* 1.43)의 '인간 종류'의–제일 요소(Firsts)는 세상을 그림으로 느끼는 예술가, 제이 요소(Seconds)는 기회가 있을 때 힘을 행사하는 실용적인 인간, 제삼 요소(Thirds)는 이성을 우주에의 관심으로 돌리는 철학자–기호학적 유형분류를 사회 유형에 적용했던 이는 없었다.

관련 문헌들에 대한 이런 초기 긍정적 반응과 부정적 반응을 넘어서면 사실 더 심각한 문제인 인과성의 문제가 드러난다. 논의를 위해 공통으로 드러나는 네 개의 세들을 일관된 기호학적 척도를 적용해 (혹은 연관된 일군의 척도를 적용해) 구별할 수 있다고 가정해 보자. 만약 그렇다면, 관찰되는 규칙성의 근거는 무엇이라고 설명할 수 있는가? 이 네 단계의 모형을 평등주의적인 수렵채집 집단과 농경 부족체제, 국가-층위의 위계적 공동체 사회, 산업국가, 그리고 글로벌 후기산업주의 탈국가적 문화의 상투적인 사회경제체제 구분에 관한 기호학적인 번역으로 보아야 한다는 것인가? 비교문화연구에 중요한 이바지를 하기는커녕 이와 같은 유형분류체계는 그저 문화적 의미에 관한 반영론적 관점을 뒷받침해줄 뿐이다. 이 유형론의 성공은 문화 분석의 설명적 독립성은 포기해야 한다는 것을 의미한다.

기호학적 유형분류체계의 본보기로서 여기서는 세 명의 유명한 이론가, 에른스트 카시러(Ernst Cassirer), 유리 로트만(Yuri Lotman), 그리고 장 보드리야르(Jean Baudrillard)만을 다루어보려 한다. 내가 이 세 명을 택한 이유는 이들이 각각 모든 네 가지 세를 망라하는 글로벌 유형론을 발전시켰기 때문이다. 그들의 주장을 비판적으로 살펴본 후, 이 세 저자의 세부 사례를 넘어 일반화가 가능하기를 기대하는 약간의 평가적 의견을 제시해 보려 한다. 이 장의 마지막에서는 다시 기호학적 유형론의 문제로 되돌아와 중세 유럽의 사례를 통해 논의해 본다.

상징 형식의 객관화

카시러는 칸트의 주된 오류가 문화적으로 생산된 모든 상징적 질서의 근거를 정신의 내부적 구성에서 찾은 데에 있다고 믿는다. 그는 대신 기호학적 매개의 보편성을 주장한다. 모든 각 문화단계에서 지식의 대상은 수동적인 감각적 인상의 흐름이 고정화된 문화적 표현으로 변형되고 통합되는 하나의 객관화 양식인 '상징 형식'으로 정의된다는 것이다(1944b: 20).

> 의식의 모든 특별한 내용은 다양한 관계망 속에 위치하고 그것의 단순 존재함과 자기재현은 다른 그리고 또 다른 내용에 대한 *지시*를 포함하고 있으므로, 순수한 지시 형식이 이를테면 감각적으로 체현되어있는 어떤 의식의 유형은 있을 수 있고, 또 있어야만 한다. 이것에서 이 유형들의 특수한 이중적 성격의, 즉 감성과 유대를 맺으나 감성으로부터의 자유 또한 내포한다는 이중성의 원인을 찾을 수 있다. 모든 언어적 '기호'와 모든 신화적 또는 예술적 '이미지'에서는 전체 감각계 그 너머를 본질로 가리키는 어떤 정신적인 내용이 감각적인 형식으로, 시각적, 청각적 또는 촉각적인 어떤 무엇으로 번역된다. (Cassirer 1955, 2: 106)

이 기본적 아이디어로부터 카시러는 신화, 언어, 예술, 종교, 과학을 포함하는 다양한 문화 산물을 점진적 연속체 상에서–단순히 상징성에 근거해서가 아니라–인간 정신을 음성 형식이든 물질적 이미지로서이든 감각적 징후로 드러내는 특정한 재현 양식에 따라 차등화한다. 인상의 흐름은 하나의 대상으로서 고착되어야 하는 것이었으므로 카시러에게 기호에 관한 의식은 사물에 대한 객관적 지식을 향한 첫 발걸음이었다. 그러나 신화적 사고의 태곳적 단계에서는 이 의식이 기호와 기의, 이름과 이름된 것을 융합해 버린다. 이미지는 재현된 사실의 본질적인 부분이고 마스크를 쓴 무용수는 신의 화신이 되며 마술적 주술은 압도적인 감정적 힘으로 작용한다(Cassirer 1969: 13). 신화의 시기에서 인간의 상징 형식은 분산되고 불안정한 동물의 재현과 유사했다:

> 강(class, 綱)과 종(species, 種)에 따라 전혀 날카롭게 구분되지 않고 거의 무제한으로 변모 가능하다는 것이 신화적 '대상'의 기본적인 특징이기 때문이다. 신화적 존재는 변태(變態)의 근본적 법칙의 영향을 받는다. 그것은 영원히 새로운 형식의 망토를 두르지 않고서는 어떠한 방식으로도 자신을 드러낼 수 없다. (Cassirer 1996: 67)

따라서 신화적 사고의 기본 원칙은 '한 관계 내 구성요소들의 우연성'(Cassirer 1955, 2: 64), 즉 통일된 세계관에서는 절대 나올 수 없는 완전한 '물질적 초연함'이므로 유사성에의 지각은 본질의 정체성으로 오인되고, 사물의 존재와 그것의 맥락적 장소에 대한 구분은 애매해진다(1955, 2: 92). 특수사항에 대한 구체적인 지식은 가능하나 원시 또는 부족의 사람은 이 지식을 객관화할 수 없다(Cassirer 1979: 174).

어떤 것을 재현하기 위해서는 단순히 그것을 옳은 방향으로 또 실용적으로 조작하는 것만으로는 불충분하다. 우리에게는 대상에 관한 보편적 구상이 있어야 하고, 그것을 다른 관점에서 볼 수 있어야 한다. … 원시 사고는 자신이 만들어 낸 것에 대한 의미를 자각하지 못했다. (Cassirer 1944a: 46, 74)

하지만 이 융합 탓에 신화적 사고는 세상에 관한 '자연적' 상징주의의 무의식적 기념(memorializing)의 단계를 넘어서서 객관화를 구성하는 정신의 본질적인 역할에 관한 인식에 도달하지 못했다. 의미작용 형식의 관념성, 기표와 기의의 분리, 그리고 물리법칙의 규칙성에 관한 이론적 이해는 오로지 과학에서만 이야기할 수 있는 것이다. 따라서 연속체의 끝에는 양자역학 방정식(Cassirer 1942: 320)처럼 표현적 형식과 재현된 실재가 분리되고 동시에 인간 정신 작용에서의 상징주의의 본질적 역할에 대한 완전한 자각이 가능하도록 하는 순수한 상징체적 형식이 있게 된다.

카시러에게 종교는 최초로 이미지와 실재의 대립이 명시적으로 인정되는 신화적 세계 내에서의 비판으로부터 시작한다. 감각적인 이미지는 기호로서 이해되고 또 그것이 가리키는 의미에 대해 근본적으로 부적절한 것으로 이해된다(Cassirer 1955, 2: 239). 어떤 역사적 맥락에서는 이러한 기호에 대한 종교적 비판이 우상 숭배의 타파, 자연 세계에 대한 전반적 몰가치화, 또는 언어적 지시에 대한 신비적 부정으로까지 이어진다. 종교적 세계관은 기호가 종교적 의미의 은유적 표현으로서 확산하는 것을 허용하는데 이는 초월적 기의에 대한 가치평가가 '복제와 원형 간의 엄격한 구별'(Cassirer 1955, 2: 252)을 함의하기 때문이다. 종교적 언어는 과학적 상징주의의 인습성 그리고 신화에서의 단어와 지시체의 모방적인 혼돈 사이의 중간지점 정도에 위치한다. 그리고 그것의 특징은 분리된 문자의 영역과 정신의 영역을 체계적으로 관련시키는 유사적이고 우의적인 해석을 수반한다는 것이다.

> 종교적 정신은 그것이 현실에서 지각하는 것이 절대 직접적인 것이 아니라 이 현실 안에서 매개된 재현으로 드러나는 초월적 의미이기 때문에, 이제 더는 그것에 얽매이지 않고 현실에, 특정하고 주어진 것에, 자신을 몰입시킬 수 있다. (Cassirer 1955, 2: 257)

카시러의 이론에는 적어도 두 가지 지엽적인 문제점과 하나의 심각한 문제점이 있는 것으로 보인다. 첫째, 현대 과학을 기호학적 매개의 영역으로 끌어들이려는 괄목할만한 노력에도 불구하고, 그 노력 자체는 그의 과학 중심적인 진화론적 관점에 내재하는 자민족중심주의를 경감시키지 못한다. 그는 각 단계를 하나의 기호가 다른 하나의 기호를 넘어서는 극복의 과정으로 바라본 것이다. '지각의 도식적 체계화로부터 순수한 관계와 의미의 질서에 대한 상징적인 파악'으로의 꾸준한 전진은 모든 상징 형식이 '자연'에서부터 관습화된 '자유'로 이어지는 일련의 연속체 상에서 순위 매겨질 수 있음을 의미한다(Cassirer 1996: 111). 둘째, 과학에서의 상징주의에 관한 그의 이론은 관습성에 대한 인식이 반드시 과학관과 대응하지는 않는다는 사실을 깨닫고 있지 못한 듯하다. 사실 초관습성이 사회체계 내에서 지식을 코드화하기 위함이 아니라 차이를 유표하기 위해 작용하는 경우들이 있다(Parmentier 1994b: 188-191). 마지막으로 신화적 의식은 의미작용의 과정을 개념화하지 못한다는–레비브륄, 프랭크퍼트(Frankfort) 등의 주장과 같은 형태의–그의 주장을 증명하기 위해서는, 기표와 기의 사이의 경계선이 사라진다는 것을 전제로 할 때 설명이 가능한 문화적 실천의 확증들이 필요하다. 예를 들어 신비주의에의 참여나 주술에의 공감, 우상 숭배주의나 명시적인 민족기호학적 메타언어의 (의

심스러울 정도의) 결여와 같은 사례들 말이다. 그러나 이 주장에 대한 두 가지 반론이 제기될 수 있다(Lotman 1993: 46). 첫째, 실버스틴(Silverstein 1993)이 관찰한 기호 복합체의 도상적 구성이 내포적으로 메타기호학적 기능을 수행하는 사례와 허츠펠드(Herzfeld 1981a: 139)가 설명한 인습적이나 아직 말로 옮겨지지 않은 민족기호학적 전제의 사례들 같은 경우, 메타언어가 반드시 명시적일 필요가 없다는 것이다. 둘째, 더 중요한 반론은 많은 민족지적 증거가 완전히 달리 해석될 수 있다는 것이다. 즉 의미작용의 경계선에서 이동할 수 있다는 것은 매우 강력한 기호이데올로기가 작용하고 있음을 입증하는 것이고, 탈맥락적이고 명시적인 메타언어의 부재 시, 신화와 의례와 같은 기호학적 형식의 반복적 연행과 물질적 실현이 요구된다고 해석될 수도 있다.

민족기호학적 메타언어

로트만의 기호학적 문화유형론은 비교의 대상이 특정 담론 형식 또는 실천이 아니라 '문화 텍스트', 즉 한 문화의 다양한 기호학적 현상의 기저를 이루는 추상적 세계관 혹은 자기 서술적 모형이라는 그의 관찰에 근거한다(Birnbaum 1993; Corti 1984; Kristeva 1994; Lachmann 1993; Shukman 1988; Vetik 1994를 참조).

> 하나의 문화적 유형에 속한다고 직관적으로 느껴지는 텍스트들을 연구해보자. 그리고 내적 조직의 구조가 가장 상이할 것들을 그중에서 선택해 보자. 이 텍스트들이 하나의 신성한 의미의 텍스트라고, 예를 들어 발레 그리고 사법적 기준의 코드에 대한 텍스트라고 가정해 보자. 이들을 어떤 불변하는 텍스트의 이형(異

> 形)이라고 생각해 보고, 그 텍스트의 구성을 시도해 보자. 우리가 이 작업을 꾸준히 증가하는 범위의 텍스트를 가지고 충분히 지속해서 수행한다면, 마지막 분석에서 우리는 주어진 문화유형 내의 모든 텍스트에 불변적인 텍스트적 구성개념(construct)을 도출할 수 있을 것이다. 이 텍스트들은 다양한 유형의 기호학적 구조들에서 그 구성개념의 실현으로 보일 것이다. 그러한 하나의 텍스트적 구성개념을 문화 텍스트라 부르도록 하자. (Lotman 1975: 100-101)

이 관점에 따르면 비교문화연구의 자료는 이미 메타문화적 층위에 존재한다. 각 문화가 문학적 생산의 규범 또는 우주의 예술적 모형을 규정하는 교육적 텍스트처럼 구체적인 메타기호학적 구성개념을 전시한다고 보기 때문이다(Lotman 1977c: 18). 체계적인 비교는 문화 텍스트가 중심/주변부의 대립들과 경계 짓기 기제들과 같은 공간적 도식으로 조직됐다는 보편적인 특성 덕분에 비로소 가능하다. 따라서 우리의 유형론적 메타언어는 가장 적절히 위상적인(topological) 특성을 갖게 되는 것이다.

> 문화의 중심적인 신화-만들기 기제는 위상적 공간으로서 조직된다. 선형적 시간의 축에 투사되고 의례적 놀이-행위의 주변으로부터 말 텍스트의 영역 안쪽에 위치하며 중요한 변화를 겪게 되는데, 선형성과 불연속성을 전제함으로써 문장의 원칙을 바탕으로 구성된 구술 텍스트의 성격을 획득하게 되는 것이다. 이런 의미에서 그것은 문화 주변부로부터 나오는 전적인 구술 텍스트와 비교를 할 수 있다. 그러나 바로 이 비교 때문에 어떤 매우 심오한 차이의 발견이 가능할 수 있다: 문화의 중심 영역은 통합된 구조적 전체, 즉 문장의 원칙에 따라 구성되는 반면, 주변 영역은 구조적으로 독립된 실체의 단순 부착으로 인하여 누적된 사슬로 조직된다. 이러한 종류의 조직화는 전자는 세상의 구조적 모형으로 기능하는 데에, 그리고 후자는 과잉의 아카이브와 같이 기능하는 데에 가장 적절한 조직 유형이

다. 두 텍스트군 모두 전체로서의 세계(universum)에 대응하는 구상을 갖는다. (Lotman 1979b: 173)

연구자의 서술적 언어와 연구되는 문화의 언어 간 관계가 하나의 주어진 문화 질서 내 '우리(own)'와 '타자(other)'의 재현 관계와 유사하므로 로트만은 다음의 세 가지 접근법이–(1) 분석자의 문화가 비교의 메타언어로서 채택되는 순진한 성찰적 접근과 (2) 어떤 보편적 발달단계에 속하지 않는 문화들은 고려 대상에서 제외되는 절대적, 헤겔식 역사주의적 접근, 그리고 (3) 문화의 자기 기술을 그 문화의 언어의 복잡성에 관한 적절한 재현으로서 단순 도용하는 접근이(Lotman 1975: 98-99)–단호히 지양돼야 한다고 고집한다. 특히 이 마지막 접근법이 갖는 규범적 이상화에 관한 편협한 시각은 규범과 실제 사이의 모순에 대한 파악을 불가능하게 할 뿐만 아니라 일반화 과정이 작용하는 중심부에서 생산되지 아니한 텍스트를 주변부적, 비기호학적, 또는 존재하지 않는 텍스트로 유표되도록 한다.

그것의 텍스트적 모델의 특정 형태가 무엇이든 모든 문화는 비문화와의 대조를 통해 자신을 이해하므로, 문화는 보편적으로 자연적 언어 그리고 언어적 물질을 토대로 형성된 복잡한 기호학적 언어의 '이차 모델링 체계(secondary modeling systems)'를 포함하는 기호학적 코드의 위계적 조직으로 드러나게 된다(Lotman 1973: 1214). 이것으로부터 로트만은 문화유형론의 일반적 목적을 다음과 같이 표현한다:

이 두 번째–역사적 과정 내에서 발전된 코드 위계로서의 문화의–양상이 특별히 문화유형분류 전문가의 관심을 끄는 부분인데 그것은 모든 역사적이고 문화적인 정보의 부호화 유형이 결국 사회적 인식의 첫 형식, 집합체의 조직, 그리고 개인의 자율형성과 연결되어 있기 때문이다. 그렇다면 문화의 유형분류체계는 (1) 문화 코드의 주된 유형들을 상대적 특성의 형태를 갖춘 개별 문화 '언어들'에 근거해 설명하고; (2) 무엇이 인간 문화에 보편적인지를 결정하며; (3) 근본적인 문화 코드들과 관련된 유형론적 특성 그리고 '인류 문화'의 일반적 구조의 보편적 특질과 연관된 유형론적 특성들을 하나의 단일한 체계에 집합시켜야 한다. (Lotman 1973: 1213)

로트만은 다른 영역과 문화제도에서의 메타언어의 발전이 모두 동시에 일어나는 것이 아니므로 공시적인 관점에서 하나의 문화를 유형론적으로 구별되는 문화 세들의 횡단면으로 보아야 한다고 한다 (1979a: 93).

로트만은 '신화적'이라는 기호학적 의식 유형을 그리는데, 이 유형에서 기호(특히 고유 명사)는 지시체와 매우 긴밀하게 지표적으로 연결되고 그 긴밀함의 정도는 둘의 관계가 비기호학적이라고 해석될 수준의 것이어서 이 유형에서는 언어와 메타언어 사이에 위계적 층위가 없다. 신화적인 텍스트는 비신화적인 범주로 번역될 때에만 상징과 은유를 갖는 텍스트로 보이게 되는 것이다. 신화적 세계의 대상은 단일하고 완전한 전체로 보이게 되고, 기호는 (고유 명사와 동의어이므로) 귀속되지 않고 인식되게 되며, 단어와 외연은 동일화되고, 텍스트는 기술된 세계와 동형적이며, 이해는 인식, 동일화, 그리고 변형에 그 기반을 두고, 전체의 체계는 단일 언어적이다(Lotman and Uspenskij 1978a).

사회가 정확히 어떻게 그것의 문화와 의미작용의 과정을 재현하는가는 유형론적으로 달라진다. 예로 텍스트와 의미의 연결이 필수적이고 규범적이며 의례적이고 자급자족할 수 있는 것으로 간주되는 '표현 지향적'인 문화(예: 중세), 그리고 생성적이고 확장적인 규칙들이 폐쇄적 텍스트를 대신하고 관습성이 필요성을 대신하며 문화의 반대축(pole)이 사악한 위조보다 순수한 혼란인 '내용 지향적' 문화(예:

현대과학)가 대립되듯이 말이다(Lotman and Uspenskij 1978b: 217-218). 로트만은 그 대안으로 청자-지향적 문화와 화자-지향적 문화를 구분한다. 청자-지향적 문화유형에서 가치 있는 텍스트는 말의 '민낯의(bare)', 최소한의 관습성에 근접하는 텍스트이다. 반면, 후자의 화자-지향적 문화유형에서 가장 가치 있는 텍스트는 비의적, 시적, 또는 불가지적인 텍스트이다. 여기에서의 유형론적 대립의 근거는 '청자' 문화에서는 관객의 역할이 가장 중요하지만 '화자' 문화의 경우, 창조성의 중심점이 메시지 발신자에 존재한다는 사실이다(Lotman et al. 1973: 9).

로트만은 세미오시스에 대한 극도로 다른 가치평가(valuation)들을 지목하며 중세와 계몽주의 문화에 관한 광범위한 비교를 발전시킨다. 중세에는 모든 것이 문화 코드 내에서 그것의 자리를 찾음으로써 가치를 획득하고, 이 코드는 창조자와 창조물 간의 체계적 도상성을 중심으로 조직화된다. 문화가 기호(특히 단어들)보다 사물을 우선시했던 계몽주의 시대에서는 기호와 전면적으로 대립하는 가치평가 방식이 부상했다.

> 기호는 허위의 상징이 되었고 가치의 최상위 척도는 기호사용으로부터의 해방, 즉 진정성이었다. 고로 이전 체계에서는 신의 우주 창조에서 최초의 행위라 여겨졌던 근본적 기호유형 '단어'가 이제는 거짓의 사례가 된 것이다. '자연'과 '비자연' 사이의 반정립(antithesis)은 동의어적인 '사물, 사실, 실제'와 '단어' 사이의 대립이다. 모든 사회적 기호와 문화적 기호는 '단어로써' 자신을 드러내게 된다. (Lotman 1973: 1214)

기호학적 세들의 기술적 토대에 관한 더 세부적인 설명 맥락에서 로트만은 서구 역사의 연속성을 중세, 르네상스, 그리고 계몽주의 시기들로 나누었고, 이 세들은 각각 사회경제적 요인들, 심리적 지향성들, 그리고 언어의 이데올로기들의 특수한 결합에 따라 서로 구분된다.

> 따라서 우리는 역설적인 역사적 진행을 관찰할 수 있다: 과학과 기술 영역에서의 급속적이고 폭발적인 진보는 일상생활의 안정적인 형식들을 전복시켰고 그 시기의 사회적 구조뿐 아니라 심리적 구조들까지 바꾸어 놓았다. … 이와 같은 대재앙적 결과는 단지 기술의 진보 문제뿐이었다면 발생하지 않았을 것이다. 하지만 연구들은 위대한 과학과 기술 격변들이 사회문화적 기호학의 전체 체계를 근본적으로 변형하는 기호학적 혁명들과 항상 뒤얽혀 있다는 것을 밝히고 있다. (Lotman 1991: 795)

르네상스 시대에는 인쇄술의 발명과 심각한 경제적 불안정이 결합해서 중세의 권위주의적 안정감을 대체하는 심오한 (특히 여자와 마녀에 대한) 공포의 문화를 야기했다. 말씀(Word)의 신성한 질서, 비자의성, 그리고 비모호성에 대한 이데올로기의 자리에 르네상스는 국가 언어의 상대성, 화자 의도의 은폐성, 그리고 말하기 장르의 다중성을 대용했다. 그러나 17세기에 이르러 이 '기호학적 존재의 모호성'의 시대는 또다시 계몽주의의 갱신된 자신감과 과학적 이성에의 믿음으로 변형되었다.

카시러의 유형론적 접근에서는 신화적 문화, 비신화적 문화, 또 논리 과학적 문화로의 단선적인 승계가 필요했던 반면, 로트만의 유형론적 접근은 그보다 '특정한 문화적 모형의 유행 또는 그 모형에 대한 문화 전체의 주관적 지향'을 이야기한다(Lotman and Uspenskij 1978a: 226). '유행(prevalence)'의 기준이 주어졌기에 결과적으로 특정한 하나의 문화는 다양한 종류의 기호학적 복합성을 전시할 수 있다. 예를 들어, 비신화적 시기에의 신화적 요소의 침투(예: 초현실주의나 상징주의 시), 새로운 기호학적 자료의 흡수력의 중심과 주변부 간 격차, 신성성의 '상위' 층위와 세속의 '하위' 층위의 대립에 대응하는 동기화된 상징 대 관습적 기호의 변증법적 긴장(Lotman 1990: 180), 국가 엘리트의 상징적 활동들과 소위 비기호학적, 실천적 소작농의 행동들의 이항대립(Lotman 1984: 133)이 한 문화에서 관찰될 수 있다는 것이다. 이렇게 같은 사회에서 대조되는 문화 모형들이 작용하는 가능성을 로트만은 중세 러시아에 관한 분석을 통해 설명한다. 이 분석에서 그는 중세 러시아에서 발견되는 두 군의 계층화된 기호학적 의식 층위, 즉 국가와 그리스도교의 강력한 결합에 따른 (소쉬르적 의미에서의 동기화되고, 비자의적 기호의) '상징적' 체계, 그리고 봉건적, 이교도적, 그리고 샤머니즘의 전통에서 파생되어 합의로 구성된 '기호적' 체계(즉, 비동기화된, 관습 기호)를 구분했다. 기호학적으로 동기화된 국가종교는 순수 관습성을 부정하고 그 자체를 '천체적인 권력'이자 '영원한 진리'의 완벽한 도상적 이미지로서 바라보려 했다(Lotman 1984: 134). 그러나 상징적 기호학성을 그 자신의 것으로 함으로써, 최고 도상으로서의 차르(Tsar)가 이끌던 엘리트들은 종속된 국민이 비기호학적이라고, 즉 오로지 국가를 위한 실천적 활동들만을 한다고 간주하게 되었다.

로트만과 우스펜스키(Uspenskij)는 이와 연관된 논의에서 웃음, 의례적 도치, 풍자 등의 다양한 반정립적 활동이 중세 러시아의 맥락에서는 '카니발적(carnivalesque)'이라고 해석될 수 없다고 지적한다. 적어도 바흐친(Bakhtin 1981: 68-80)적 의미에서의 카니발레스크는 문화의 반위계적, 대중적, 그리고 즉흥적 차원들을 포함한다. 그러나 로트만과 우스펜스키는 러시아 성당이 이교도적, 마술적, 구술적 현상을 종교적 정통성의 전복(inversion)으로 환원시켰음에 주목한다. 예를 들어 웃음이 악마(Devil)로부터 유래한 것으로 이야기되었다:

> 바흐친에서의 양면적이고 대중적인 카니발의 웃음과 달리, 악마의 신성모독적인 껄껄 웃음은 중세 관념의 세계를 산산조각내지 않고 도리어 그 세계의 부분을 구성한다. 바흐친의 웃는 인간은 중세 가치체계의 바깥에 서 있다. 구원의 길도 지옥으로의 길도 아닌 곳에서 그는 그저 단순히 살고 있을 뿐이었다. 반면 배꼽 잡고 껄껄 웃는 신성 모독자는 이 세계 속에 존재했다. 자신을 지옥의 나락으로 내던지고 신(God)에게 등을 돌리면서도 그는 신의 아이디어를 부정하지 않았다. 사탄 쪽으로 넘어가면서 그는 위계 속의 자리를 바꾼 것이지 신의 존재 사실을 부인하지는 않은 것이다. (Lotman and Uspenskij 1984: 41)

중세 러시아에 대한 이 두 개의 논문은 유형분류체계의 주제에서 매우 중요한 논문들이다. 이 논문들은 문화체계의 내부적 복잡성에 관한 로트만의 세심함을 잘 드러낸다. 또한, 다른 양식의 세미오시스에 관한 한 사회의 이해를 지시 또는 편제하는 특정한 기호학 체계들의 영향력도 잘 드러내 준다.

내 관점에서 로트만의 유형론적 접근법에는 크고 작은 문제점이 적어도 하나씩 존재한다. 로트만의 접근법에서의 부수적인 어려움은 그것이 공간적 변수와 기호학적 변수의 번역 가능성 또는 조정 가능성에 의존한다는 것이다. 잠시 덧붙이자면 여기에선 누가 봐도 로트만은 비교에 대한 로고스 중심적 접근의 위험성을 피하고자 하고 있다. 물론 공간화된 자기서술과 메타기호학적 형성은 문화에 보편적으로 존재할 수 있다. 그러나 그렇다고 해서 그 둘이 병렬을 또는 조직된 연속체를 형성한다는 보장은 없는 것이다. 예를 들어, 기호학화(semiotization)가 문화적 경계선들에서 더 역동적이라는 로트만의 주장은–만약 정말로 그렇다면 여기 이마트라(Imatra)는 매우 훌륭한 문화적 사례가 아니겠는가?–그의 유형론적 도식에 따라 각각 고유명사, 텍스트, 그리고 규칙을 지향하는 문화들에서 각각 달리 연구돼야 한다. 로트만의 접근법에서의 중대한 문제점은 그의 저항에도 불구하고 사실 그의 분석은 결국 문화의 텍스트적 자기서술로부터 분석적인 메타언어를 만든다는 점이다. 이것은 그의 분석에서 하나의 세미오시스에 관한 이데올로기의 텍스트적 재현이 사회-기호학적 과정들의 맥락적 작용과 하나로 합쳐지기 때문이다. 예를 들어, 건축학적 디자인과 신학적 교리 사이의 완벽한 대응을 설명하는 12세기 논문이 이미지 엔텍스트화의 사회경제적 과정에 관한, 그리고 두 종류의 기호 모두의 미묘한 조직적 구조에 관한 정확한 설명을 제공할 리는 만무하다. 어쩌면 그럴 것으로 생각하여 파노프스키(Panofsky 1979: 26)는 생드니 대수도원장 쉬제르(Abbot Suger)의 신플라톤주의(Neoplatonism)를 그의 고딕 건축 프로그램의 미학적 동기로 액면 그대로 수용했을 수 있지만 말이다. 보통 이데올로기적 형식들은 인식의 하위 층위에서 작용하는 지표기호의 작용들을 원활하게 해주는 양상을 띠고, 좀 더 의미론적으로 정합적인 텍스트들은 문화 실천의 위험한 우발성에 대한 극복의 필요를 드러내는 경우일 수 있다. 로트만은 문화의 텍스트가 메타기호학적 모형이라는 그의 주장, 그리고 또 기호학적 조직화의 역동성은 오로지 이들 모형에 대한 교차-체계적 비교를 통해서만 알 수 있다는 그의 주장을, 동시에 변호할 수는 없는 것이다.

기호의 경제

보드리야르의 '시뮬라크르의 질서(orders of simulacra)' 개념은 세미오시스의 문화이데올로기의 변화에 대한 설명, 다시 말해 고대사회에서의 봉건적 혹은 카스트적인 사회질서와 상응하는 '상징적 질서'의 위계 간 연결의 의무적 동기화로부터 서구 사회의 특수한 이데올로기의 삼중 연속체로의 변화에 대한 설명이라고 해석할 수 있다(1983a: 84). 르네상스 이전의 봉건시대에는 기호의 비자의성이 명확하게 구분된 계층 위계와 대응했고, 이 상징적인 질서에서는 기호의 융통성이 엄격한 종교의식과 가혹한 형벌과 같은 '맹렬한(ferocious)' 제도에 의해 부정됐다. 이 제한된 기호들의 체제를 따라 보드리야르는 하나의 기호학적 질서의 연속체를 구별하였다. 첫째, 르네상스-고전의 시기는 외양과 실재의 모방적 이분을 강조했고, 따라서 기표와 기의 사이의 인공적 유대를 극적, 전략적, 또는 심지어 위조적 조작의 가능성에 노출했다.

> 고전기 전체는 *그야말로* 극장의 시기였다. 극장이 사회적 삶과 르네상스 이후 모든 건축물의 형식을 지배하는 것이다. 바로 거기 스투코(stucco)와[1] 바로크 예술의 절묘한 기량에서, 모조의 형이상학과 *세속적 데미우르고스*(demiurge)인[2] 르네상스 인간의 새 야망, 모든 자연의 특수한 물질로의 변형(transubstantiation), 그리고 혈통, 계급, 카스트의 모든 차이점을 넘어서는 연극적인 사회적 삶의 부르주아적 가치의 기호 아래의 통일을 읽을 수 있다. 스투코는 모든 인공적인 기호를 이긴 민주주의, 연극과 패션의 신격화를 의미하고, 새로운 계급들의 무한한 역량, 기호의 배타성을 한번 뚫고 돌파한 이상 그 무엇도 할 수 있는 그 힘을 저버린다. (Baudrillard 1983c: 87)

그다음, 산업 시대에서는 원본과 복제, 실재와 이미지의 차이가 약해졌다. 재현의 축이 기계적 재생산 기법이 생성한 똑같은 상품들의

1) 스투코는 건축물 외벽에 바르는 치장 벽토(壁土), 즉 미장 재료이다.
2) 데미우르고스는 그리스어로 제작자를 의미하고 플라톤의 우주생성론에서 세계를 형성하는 신적 존재이다.

무한적 연속체로 대체되었기 때문이다.

> [기호들]은 모두 다 대대적인 규모로 다시 한 번 생산될 것이기에 이제는 더는 *위조될* 필요가 없다. 그것의 유일무이함이나 기원은 이제는 중요한 문제가 아니다. 그것의 기원은 기법(technique)이고, 그것이 소유하는 유일한 의미는 산업적 시뮬라크럼의 차원에 있다. 즉, 두 개의 또는 심지어 *n*개의 같은 대상의 연속체 가능성을 뜻한다. 그것들 간의 관계는 더는 원본과 위조의 관계가 아니고–유사 또는 반영도 아니며–등가성 또는 무차별성의 관계이다. (Baudrillard 1983c: 96-97)

여기서 보드리야르는 대중매체 기술의 발달에 따른 인지적이고 사회적인 결과들을 강조했던 발터 벤야민(Walter Benjamin)과 마샬 맥루한(Marshall McLuhan)에 대한 채무를 언급한다.

> 기술은 매체로서 상품의 '메시지'(그것의 사용가치)뿐 아니라 마르크스(Marx)가 생산의 혁명적 메시지로 삼고 싶어 했던 노동력 또한 지배한다. 벤야민과 맥루한은 마르크스보다 이것을 더 확실히 보았다. 그들은 *진정한 최후통첩(ultimatum)은 재생산 그 자체에 있다*는 진정한 메시지를 보았다. 또 생산은 더는 아무런 의미가 없다는 것, 그것의 사회적인 최종성은 연속체에서 사라져 버렸다는 것을 보았다. 시뮬라크라는 역사를 넘어 승리한다. (Baudrillard 1983c: 100)

인간의 본질을 생산적 노동으로 강조하며 부르주아의 시기는 이전의 시기에 기호학적으로 생성된 가치 대신에 추상적인 '가치의 상법'을 주장하였다. 따라서 산업생산의 교체 가능한 타입-토큰 관계의 패턴화 그리고 화폐의 시장교환으로 만들어진 상품의 유사(quasi-)정체성에서 발견되는 등가원리는 재현의 원리를 대체하게 된다(1984: 62). 제네스코(Genosko 1994: 46-47)는 보드리야르가 이 두 번째 세를 걷잡을 수 없는 도상주의의 세로 바라보았다고 주장한다.

보드리야르의 역사적 진행에서의 마지막 단계는 포스트모던기이다. 포스트모던기는 다시 기호학적으로 지향된 사회로의 귀환이지만, 차이점은 부호의 만연함이 바로 그 부호의 추상성에 대한 섬뜩할 정도의 비판의식 부재를 의미한다는 것이다. 19세기 자본주의적 합리성에서의 전제가 상품 형식의 보편성이라면, 포스트모더니티는 세미오시스 그 자체를 특수한 의사소통 정보체계의 형태로서 숭배한다. 여기서 의사소통 정보체계의 코드는 사회를 완벽히 통관하는 구조를 띠고 또 그것의 내적 논리는 매우 일관되게 비모호적이어서, 기표의 층위는 근거를 둔 그 어떤 지시체들로부터도 구속되지 않는 기능적 독립성을 지니게 된다. 지시가 총투표, 즉 여론조사로 대체됨에 따라 통사적으로 복잡한 대화 담론은 질의·응답의 이진법 또는 디지털 방식의 검사에 의하여 개조된다.

> 대상과 정보 모두 이미 하나의 선택된 집합, 몽타주로부터, 하나의 관점으로부터 도출된다. 그들은 이미 '실재'를 시험했고, 오로지 '대답이 돌아온' 질문만을 물었다. 그들은 실재를 그들 스스로 규제된 대립의 시나리오로 재조립한 간단한 요소들로 허물어뜨렸다. 사진사 자신의 조영, 빛, 각도를 피사체에 적용하는 것과 같은 방법으로 말이다. (Baudrillard 1983c: 120)

이동이 가능한 사회적 구별(distinction)을 표시하는 사물 중 최대로 접근 가능한 '키치(kitsch)',[3] 그리고 유희적 호기심을 충족시키는 외견상 획기적인 기술 도구인 '가제트(gadget)'의 대량 소비는 기호의 조작이라는 소비의 논리를 따르고, 이것은 생산된 사물의 객관적 기능

3) 키치는 저가기념품과 같이 곳곳에 널린 의사(疑似)-사물이다.

과 상징적 의미의 상실을 뜻한다. 원시 문화에서 발견되는 혼돈과는 정반대로 이 소비 논리의 효과는 기표와 기의에 대한 만연해 있는 기호학적 혼돈이다.

> 어린아이, 또는 '원시'의 사람들에게 기표는 (마치 자신의 이미지를 살아있는 존재로 착각하는 아이, 또는 텔레비전을 시청하면서 스크린 속의 사라지는 사람에 대해 궁금해하는 아프리카인처럼) 기의를 위하여 사라질 수가 있다. 역으로 이미지 그 자체에 집중하는 이미지 또는 코드에 집중하는 메시지의 경우, 기표는 그 자신의 기의가 된다. 기표를 위한 둘 간의 혼란스러운 순환이 있고, 기의의 폐지와 *기표의 동어반복*이 있다. … 이미지의 매개를 거친 세계에의 도달 대신, 세계를 둘러서 그 자신으로 돌아가는 것은 이미지, 그 자체이다(기의의 알리바이 뒤에서 기표를 지정하는 것은 기표 그 자체다). (Baudrillard 1990a: 90)

이처럼 숭배되는 기표의 일군을 보드리야르는 '시뮬라크럼'–실재로 받아들여지는 모의된 실재의 모형–이라고 부른다. 그리고 이것은 항상 기호학적 기능의 왜곡을 수반한다: 문화 코드들이 광고로 상품에 임의로 입혀지고, 즉각적인 메시지들이 전자 매체에 의해 어디에나 전파되며, 담론이 디지털적인 자극/반응의 시험으로서 축소되고, 공공여론에 대한 통계적 모의실험의 순환성은 그 어떤 독립된 메타기호학적 관점으로도 개념화될 수 없는 과정이다. 고전기의 특성인 전사, 해석, 그리고 비평과 같은 해석학적 활동을 대신해서 포스트모더니티는 '자기-인식'에의 가능성을 부정한다(Baudrillard 1985: 581). 초과정보의 흐름에 휩싸이고 초과현실의 모의(模擬)에 사로잡혀, 사람들은 오로지 '진실 거부'와 '의미 파괴'의 활동에 참여할 수 있을 뿐이다(1985: 587). 이 근대의 세미오시스에 대한 이해의 부재를 보드리야르는 '블랙박스' DNA 프로그램들로 모든 세부사항이 신비스럽게 부호화되는 생물학적 유기체의 은유를 통해 바라본다. 코드는 유기체의 현상학적 외양을 결정짓지만, 그것의 내적 논리는 '읽기가 어렵고 어떤 주석도 불가능하다'고(Baudrillard 1983a: 104)–즉, 메타기호학적 통각과 무관하도록 하는 순수한 기호학적 한정(determination)이라고, '기호와 의미작용 그 자체의 모든 아우라는 이 한정 속에서, 모든 것은 명각화(inscription)와 암호 판독(decodage) 속에서 해소된다'고 적는다(1983a: 105).

존 로크(John Locke)의 명언을 감히 수정해 사용한다면 결국 '모든 것은 미국', 즉 사람들은 시뮬레이션이고 그 사실을 설명할 언어란 존재하지 않는 거대하고 과잉현실적인 홀로그램(hologram)이라는 것이다.

> 그것들보다 현대 세계에서 가능한 모든 변수를 분석하기 위한 더 이상적인 자료는 없다. 원시 사회를 그 당시에 분석했을 때 그 이상 그리고 그 이하도 아니다. 이전 사회들로 우리의 관심을 돌린 신화적 자극과 분석적 자극이 똑같이 오늘날 우리의 눈을 미국으로 향하게 한다. (Baudrillard 1989: 29)

미국에 발을 내디딘 유럽의 관찰자는 몽테뉴(Montaigne)의 사색을 자극한 관습과 가치의 상대성과 루소(Rousseau)의 사색을 자극한 인간 조건의 기원에 관한 향수와 똑같은 비교문화적 충격을 받는다.

> 미국의 새로운 점은 (원시와 야생의) 첫 층위와 (절대적 시뮬라크럼의) '세 번째 종류'의 전면충돌이다. 두 번째 층위는 없다. 우리는 이 자아성찰적, 자아반영적인 층위, 불행한 의식의 층위를 가장 특별하게 여겼으므로 이 상황을 이해하기 힘들다. 그러나 우리의 가치를 반전시키지 않는다면 미국에 대한 어떤 구분도 이해가 불가능하다. 여기서는 디즈니랜드가 본래적인 것이다! 영화와 텔레비전

이 미국의 실제이다! 고속도로, 세이프웨이(Safeway) 상점, 지평선, 속도, 그리고 사막-이것들이 미국이지, 미술관, 교회, 문화가 미국이 아니다. … 이 나라가 받을 만한 대접을 해 주자. 그리고 우리 자신의 관습이 지니는 부조리에 눈을 뜨자. (Baudrillard 1989: 104)

미국이 환유적으로 과잉현실성을 대신하는 것과 마찬가지로 근래 인류의 징후인 '컴퓨터 화면을 응시하려고 본질적 타자와의 진정한 대화를 회피하는' 텔레컴퓨터 인간(Telecomputer Man)이 번성하는 캘리포니아의 실리콘밸리는 미국의 환유어이다.

우리는 한때 거울에 의해, 하나를 둘로 나눔으로, 연극에 의해, 타자성과 소외 때문에 상상의 영역이 지배되는 세상에서 살았다. 오늘날 그 영역은 스크린, 인터페이스와 복사본, 근접성과 네트워크의 영역이다. 우리의 모든 도구는 스크린이고, 인간의 상호작용은 스크린의 상호작용으로 대체됐다. 이 스크린에 명각된 그 어떤 것도 심도 있게 해독되기 위한 것이 아니다. 그것은 의미에 잇닿은 해제 반응으로 즉각적으로 탐구되기 위해, 재현의 극들을 합선해 만든 것이다. (Baudrillard 1990b: 54)

보드리야르가 이 동기화된 기호의 세계로부터 관습기호의 세계로, 다시 도상의 세계로, 그리고 마지막으로 코드의 세계로의 기호학적 세들의 진행을 실제 역사의 대체 과정으로 설명하려는 의도인지, 아니면 추가적인 궤도로 생각했는지는 확실하지가 않다. 1990년 보드리야르는 그의 모형의 현주소에 관하여 아래와 같이 말했다:

이전의 모호한 분류체계에서 나는 가치의 3부작(trilogy of value)을 언급했었다. … 이 구별들은 물론 형식적인 것이나 어느 정도는 한 달에 한 번꼴로 새로운 입자를 만들어내는 물리학자의 상황과 비슷하다. 하나가 다른 것을 떨쳐버리는 것이 아니다. 그것들은 서로를 승계하고 가상의 궤도상 수적으로 증가한다. (Baudrillard in Genosko 1994: 44)

대체이든 층위짐이든, 하나의 문화적 세를 어떤 기호학적 개념의 우세에 따라 특성화하는 것은 그 실재적 또는 이데올로기적 우세를 설명하는 것이 아니므로 보드리야르의 연속체는 더욱 근본적인 차원에서 모호하다고 보아야 한다. 분명히 중세문화의 '자연 기호' 역시 포스트모더니티의 디지털 정보 양식만큼이나 기호학적 부호에 의존한다. 어떤 문화의 기호학적 체계도 덜 코드화되거나 더 된 것이 아니다. 인간언어 중 어느 것이 더 문법적이고 덜 그러한지 따질 수 없듯이 말이다. 그리고 우리가 지금 일반적인 기호이데올로기의 기호 생산과 해석에 대한 다양한 편제법에 관해 이야기하는 것이라면, 어느 사회제도들이 이러한 작용을 가능케 하는지에 관해 알아야 할 것이 아직 너무도 많다. 카시러와 로트만 그 누구보다도 보드리야르는 문화적 세의 기호학적 성격이 그 문화에 대한 우리의 이론적 이해를 강력하게 제한하는 것으로 가정한다. 보드리야르는 마르크스의 상품 형식의 신비화에 관한 비판적 폭로는 노동, 생산, 수요와 같은 양성적(positive, 陽性) 가치가 존재했기에 가능하다고 보았고, 포스트모던 조건의 매개변수들을 고려했을 때 그 비판을 보완해 발전시킨다는 것이 불가능하다고 보았다. 가면 뒤의 실제, 기호 유희의 논리를 밝히려는 모든 철학적, 역사적, 또는 과학적 노력은 결국 더는 존재하지도 않는 실제 또는 진리를 가정하고 있으므로 카시러가 칭송했던 그 과학적 지식의 프로젝트는 부정되는 것이다(Baudrillard 1990b: 92; Norris 1989). 그 결과, 노프트(Knauft 1994: 130-131)가 지적하였듯, 보드리야르의 글의 특성들인 자의식성, 파편화, 냉담성은 그가 폭로하고자 했던 바로 그 포스트모더니티 양상과 닮았다. 따라서 포스트모던 문화는 명백히 기호학적인 현상임에도 불구하고 이에 대한 보드리야르의 '기호의 경제' 분석은 결코 비교기호학의 통찰력을 활용할 수 없다.

중세 리얼리즘의 유형분류체계

내가 지금까지 이야기해왔듯이 기호인류학은 문화를 다양한 종류의 세미오시스가 일어나는 장소로, 즉 물질세계(물감, 옷감, 석즈, 몸짓, 소리 등)의 특질들이 기호 또는 의미작용의 매개체로 전용되는 과정으로 바라본다. 기호인류학은 중요하지만 매우 초보적이라 할 수 있는 기어츠의 '구체화된 상징의 의미'와 '의미의 거미줄'에 관한 가정들을 훌쩍 뛰어넘어 세계의 문화에서 작용하고 있는 복잡한 기호학적 과정들을 발견하기에 이르렀다. 이를 보여주는 사례들은 기호인류학 문헌에서 번성하고 있는 –화로 끝나는 단어들(-tion words), 의사소통화, 매개화, 자연화, 편제화, 관습화, 은유화, 문양화, 표준화, 상품화, 물화, 엔텍스트화 등이다. 해석적, 해석학적, 또는 상징주의적 인류학자들에게 있어 문화는 이러한 과정에 의해 결과적으로 도출되는 역사적으로 우발적인 텍스트나 담론의 집합체였다. 그러나 우리가 보았듯, 어떤 학자들은 이 과정들에 대한 상대주의적 열거 그 이상의 무엇을 제공하려는 의도에서 진화론적 그리고 상대적 일반화들을 제안하였고, 그 일반화들은 문화를–이 과정들 기저에 깔린 조직적 원칙의 근본적 차이점들에 따라–통시적으로 유형 분류하는 것이었다. 앞에서 논의한 것처럼 이러한 이론을 제시한 여러 이론가는 네 개의 뚜렷한 문화적 세들이, 즉 '야생의 사고'의 신화기, 초월에 기반을 둔 고대와 전근대의 사회세계, 자본주의적 근대성의 물신적 합리주의, 그리고 이미지 소비의 포스트모던 기가 보편적으로 인류 역사에 존재한다고 밝혔다. 유용한 기호학적 용어를 통해 이 네 가지 세를 요약할 수 있다. 브리콜라주의 시대(Age of Bricolage)에서는 마술적으로 기표가 기의와 혼동됐고, 인간과 비인간의 영역은 서로의 영역에 참여하였었다. 신앙의 시대(Age of Faith)에서는 기표가 그것이 자연적인 것이든 인간 제도에 관한 것이든 본질적으로 기의에 의하여 동기화되었으므로 경험세계는 신성 영역의 거대하지만 평가 절하된 상징이었다. 이성의 시대(Age of Reason)에서는 관습적으로 기표가 기의와 연결됐고, 따라서 진정한 지식은 사물에 대한 것이지 언어에 대한 것이 아니었다. 마지막으로 디즈니의 시대(Age of Disney)에서는 기표가 기의에 자유롭게 결합하여 실재와 단절된 자율적 코드구조의 증식을 초래한다.

나는 이 모호한 유형론적 일반화들을 마음속 깊이 불신한다는 사실을 앞서 성급히 밝히지 않았고 그 이유는 단지 이 일반화들의 경험론적 타당성의 문제 때문만은 아니다. 우리는 언어 구조의 기호학적 원칙에 가해지는 보편적 차원의 인지적 제약들(예: 메타화용론적 형식들과 메타화용론적 담론들의 역할)에 관하여 알게 되었고 또 이 모든 소위 단계들에서 벌어지는 물질문화의 유의미한 생산들(예: 도상과 지표적 기호 양식의 결합)의–독립적이지만 마찬가지로 경이로운–규칙성에 대해서도 점차 알아가고 있다. 이러한 상황에서, 만일 문화의 구성원들에게 새로운 의미를 오래된 기호에 배정할 자유가 없었다면, 자연 세계와 비마법적인 방식으로 상호작용할 수 없다면, 또는 그들이 의미작용을 세상에 가함에 있어 동기화의 정도에 대한 인식이 없다면, 만약 앞서 논한 이론가들의 말처럼 그러하다면, 나는 문화가 어떤 모습일지가 궁금하다. 카시러에 관한 위의 논의에서 언급했듯, 신비주의에의 참여나 마술에의 공감, 범주의 혼돈, 그리고 우상 숭배주의의 맥락에서 일어나는 소위 의미작용의 '선'의 소멸에 관한 민족지적 증거는, 사실 특별한 맥락에서 기호와 지시체의 구별을 정지시키기 위해 기능하는 은연의 메타기호학적 메타언어의 작용을 가리킬 수 있다. 또한, 복잡하게 겹쳐진 지표기호는 실패한 상징성으로 읽히는 경향이 있음이 증거로 입증된다. 그리고 자연화와 관습화와 같은 유형론적 대립의 과정이 동시에 존재하며 경쟁적인 관계에 놓인 이데올로기들임을 보여주는 충분한 역사적 자료도 있다.

나는 벨라우 연구에서 구술 전통의 기호학적 성격을 탐구했고 현대 광고와 대중매체 연구에서는 포스트모던 이미지의 논리를 탐구했으며 이어서 서양 문화에 있어 특히 중요한 시기인 12세기에 관한 연구를–그 위대한 신앙의 시대에 대한 기호학적 유형론의 타당성을 평가하기 위하여–시작했다. 중세기에 대한 학술적 출판은 하나의 성장 산업이고, 특히 기호학적 접근을 택하는 연구들은 이 범람하는 책과 논문 중에서도 최첨단의 연구들로 보인다.[9] 인류학자들은 민족지학자에게 있어 소위 '원시 세계'가 극단적 '타자성'과 계보적 정체성의 현장임을, 그리고 매우 유사하게 구술 유산, 민속 종교, 마술의 중세가 인문학자에게 그렇다는 것을 알아야 한다(Gurevich 1988: 176, 198, 215-216; Haidu 1989-1990, 1993: 8). 나는 특히 '12세기의 르네상스'(Haskins 1927; Benson and Constable 1982)를 연구하고 있는데 그 이유는 바로 이때 '리얼리즘'의[4] 기호학에 기반을 둔 천 년 묵은 세계관으로부터 점차 르네상스 인문주의와 과학혁명으로의–그러나 아퀴나스(Aquinas)와 단테(Dante)의 사례와 같이 체계화와 지성화의 시기로 나아가기 전의(Radding and Clark 1992: 80)–발전을 촉발하는 사회적 그리고 문화적 혁신의 연속에 관한 최초의 증거가 존재하기

4) "Realism"을 지금까지 일관되게 '사실주의'로 번역하였다. 그러나 이 절에서는 단어 "realism"을 해체하고 또 중세적 맥락에서 분석적으로 사용하고 있으므로 오역을 방지하고자 '리얼리즘'으로 표기한다.

때문이다. 12세기 작가와 예술가는 그들의 시기가 재생의, 쇄신의, 재개의, 그리고 개혁의 시기였다는 것에 관한 자의식적인 태도를 표현했다(Ladner 1982). 이 세기는 대학의 탄생, 스콜라 철학의 논쟁적 기술의 발달, 도시 무역의 성장, 이슬람과 이교 종파에 대한 반대운동, 고딕 대성당의 증가, 서임권 투쟁, 토착 산문과 토착 시의 발달, (아리스토텔레스에 대한 새로운 번역들에 의한) 논리연구의 부활, 로마로부터 승계한 법령들의 코드화, 아랍 중개인을 통한 그리스 과학지식의 번역, 학문교과목의 전문화, 기사도적 명예 코드의 완성, 초자연에 관한 예술적 재현에서의 인간 형태(form)의 이상화, 편제적 메타언어적 장르의 확산, 윤리규범과 종교적 감정의 내재화, 그리고 낭만적 사랑의 출현 시기였다. 이 모든 것을 다 합한다면 문화적 상징주의를 연구하는 학생은 풍작을 거둔다고 할 수 있다!

12세기에 맹비난을 받는 리얼리즘은 정확히 무엇인가? 리얼리즘을 주로–지식의 대상이 인식자(knower)에 의해 전혀 구성되지 않는–과학적 확신의 형이상학과 동일시하는 현대의 학생들에게는 리얼리즘의 명칭 그 자체가 혼란스러울 수 있다. 중세의 리얼리즘은 '실재(real)'를 의미하는 라틴어(*realis*)로부터 나오고,[5] 추상적 관념과 일반적 형식의 실재성을 단언하기에 일반적으로 우리가 때로 '관념론(idealism)'으로 부르는 것에 대응한다. 리얼리즘으로 불리는 두 가지 연관된 의미를 구별하는 것이 유용하겠다. 첫째, 리얼리즘은 외양의 세계와 '지대하고 본래적 실재인 신성한 본질의 세계'(Gurevich 1985: 36)간 분명한 이원론을 포함하는 보편적 세계관이다. 결합성과 체계성은 인간이 빚은 인공물이나 자연의 우연한 역사성이 아닌 초월적 질서에 존재한다. 이러한 의미라면 리얼리즘은 곧 서구 그리스도교

5) 원저자와의 교신을 통해 여기 원저의 오류 "*re* 'thing'"을 "*realis* 'real'"로 고쳐 번역하였다.

의 공식적 입장이다. 보편적 실재 위에는 정밀한 유명론적 검토로 해체되는 삼위의 일체(Trinity)뿐 아니라 스스로가 구성원들과는 분리되는 연속적인 존재임을 드러내는 기관으로서의 교회의 권위가 있다(Haskins 1927: 352).

둘째, 리얼리즘은 일반적 또는 보편적 용어의 지시대상의 실체에 대한, 즉 여러 가지 것들에 입각할 수 있는 단어들에 대한 전문적인 철학적 입장이다. 예를 들어 플라톤과 아리스토텔레스의 '휴머니티'라 함은 이 두 학자의 형이상학적 성질을 동시에 지시하기 위한 사실적 실체이다. 그에 반해 (로스켈리누스(Roscellinus)와 윌리엄 오컴(William Ockham)과 관계되는) 유명론은 보편성을 단지 추상적 관념의 관습적 이름으로, 그리고 (피에르 아벨라르(Peter Abelard)에 의해 구상된) 개념론은 보편성을 머릿속에 존재하며 초월적인 생각과 자연스럽게 연관을 맺는 개념에 대응하는 것으로 보았다. 중세기 리얼리즘은 신플라톤주의에서부터 아우구스티누스(Augustine), 보에티우스(Boethius), 위(僞)디오니시우스(Pseudo-Dionysius), 존 스코투스 에리우게나(John Scotus Eriugena), 그리고 안셀무스(Anselm)로 이어지는 오랜 철학적 전통의 산물이다. (엄밀한 의미에서의 플라톤주의는 물질적 기표들이 관념적 형식들과 관습적으로 관련된 것으로 보기 때문에 사회별, 언어별 차이를 인정한다.) 물론 세속적 의미와 철학적 의미의 리얼리즘은 연관된다: 일반적 용어의 지시된 실체는 외부적 관념이나 형식과 대응하고, 그리스도교적 표현 양식에서는 신의 정신과 같은 것으로 간주된다. 철학적 리얼리즘이 완벽한 지시적 투사의 사례라는 주장이 있을 수 있다: 이원론적인 종교적 세계관의 맥락에서 텍스트 판단능력에 의해 매개되는 메타언어적 성찰은 일반적 용어에 대응하고 단수용어의 개별 물리적 지시체와 유사한 *어떠한* 실재를 찾으며, 신성에 관한 아이디어는 이에 명백히 해당 가능한 논리적 후보군이다.

중세기 리얼리즘에는 보편적인 기호학적 차원이 여럿 확인된다(Auerbach 1952, 1973; Boler 1989; Chenu 1968; Chydenius 1960; Coomaraswamy 1935; Eco 1985a; Gombrich 1972; Ladner 1979를 참조). 가장 중요한 것은 우주의 계층화된 층위가 종속된 기표와 고양된 기의, 즉 외양과 진실, 세속과 신성, 가시와 비가시, 육체와 정신 간의 분열에 대응한다는 것이다. 르 고프(Le Goff)는 이 시기에 보편적 '상징주의'를 의미하는 단일한 전문 용어가 부재하다고 지적했으나(1988b: 238), 형상(*figura*), 사례(*exemplum*), 거울(*speculum*), 베일(*integumentum*), 이미지(*imago*), 수수께끼(*aenigma*), 신비 또는 성사(*symbolum*), 가상적 유형(*fictio*), 자국(*vestigio*), 그리고 은유(*translatio*) 등의 전문적 용어처럼 풍부하고 복잡한 기표의 어휘가 급증했다.

하지만 물질세계와 정신세계가 체계적 대응관계로 존재하고 전자는 후자 세계의 상징들로 구성되기에 두 층위 간의 격차는 좁혀질 수 있었다. 성 빅토르 수도원의 휴(Hugh of St. Victor)가 '상징은 병치, 즉 가시적 형식이 접합된 것을 전면에 내세움으로써 어떤 비가시적 물질을 설명하는 것'이라고 했듯이 말이다(Chenu 1968: 103에서 인용). 경험된 상징의 세계는 신성한 진실을 엄격한 방식으로 동기화하지만 진실 그 자체는 제도적 교회와 편제적인 교회 텍스트에 드러나는 지혜 외부에서는 투명하게 파악될 수 없었다. 철학자 에리우게나에 따르면 '우리의 정신은 그것과 동등한 물질적 형식의 길잡이 없이는 천상의 위계를 모방하거나 명상할 수 없다'(Panofsky 1979: 24에서 인용). 성경 텍스트이든 역사적 사건이든 또는 시각적 이미지이든, 많은 상징은 드러내기보다 감추기 위하여 만들어졌고 따라서 문자 그대로의 해석이 아닌 비유적 해석을 요구했다. 솔즈베리의 요한(John of

Salisbury)에 따르면 '공법(公法)은 성물을 군중에게 금지하드로 진실은 다양한 사물의 형상으로 뒤덮인 방식으로 드러난다'(Chenu 1968: 101에서 인용). 실재는 하나이기 때문에 모호성과 모순의 증거는 기의가 아닌 기표의 세계로 강등되는 것이다(Eco 1985a: 387).

유의미성이 물질세계로 스며들었기에 중세기 리얼리즘은 독자적 현상이 아닌 신의 질서를 드러내고 기록하는 신성한 기호로서의 자연과 역사에 관한 주의 깊은 관찰과 분류를 권장했고 석공, 동물 우화집, 그리고 화훼는 신적 질서에 관한 세심한 기록이었다(Wetherbee 1973: 10). 이러한 백과사전들에 속하지 않는 사물은 중세의 세계에서 공식적 위치를 인정받지 못하는 대상이었다(Corti 1979: 343). 웨일스의 제럴드(Gerald of Wales)가[6] 글래스턴베리(Glastonbury)의 아서 왕(King Arthur) 묘지로 짐작되는 곳을 발굴하던 수도자를 설명하면서 수도자가 그가 파 놓은 구멍으로 뛰어들어 머릿결 한 타래를 움켜쥔 순간 그것이 즉시 해체됐다고 묘사한 것과 같이, 역사적 사건 또한 교훈적 의미를 다수의 층위에 함축한 것들이다. 제럴드에게 구멍은 '우리 누구도 탈출할 수 없는 나락의 상징'이었고, 썩은 머릿결은 '모든 신체적 아름다움은 우리가 멍한 눈으로 응시하거나 음욕의 순간에 더듬거리는 덧없는 것이기에 공허하고 효용이 없는 것임'을 훈계하는 것이었다(Gerald of Wales 1978: 285). 두 영역은 또한 구약과 신약, 로마와 유럽을 연결하는 시공간적 '유형'의 논리로서 연결되었다. 콘스탄티노플(Constantinople), 아헨(Aachen), 그리고 모스크바(Moscow)의 모습을 띠는 로마와 같이(Kantorowicz 1957: 82-83; Morrison 1990: 107; Nichols 1983) 특정한 시간이나 장소는 실시간의 연대기와 별개로 존재하는 신성하고 불변하는 영세(*aevum*)를 구

6) "Gerald of Wales"는 12세기 성직자이자 역사가이고 '웨일스의 제럴드'는 라틴명 '기랄두스 캄브렌시스(Giraldus Cambrensis)'의 영국식 표기이다.

성했다. 상대적으로 평가절하 됐으나 사건, 텍스트, 사람의 물질적 기표는 계속하여 기호학적 상관관계 형성에 있어 필수적인 요소였다. 그리스도의 수난과 성서의 언어는 당연히 '기호'였고, 그 기호의 실체에 대한 진정한 지식은 정교한 우의적 이해나 비유적 이해에 필수적인 전제조건이었다. 성 빅토르의 휴가 질문하듯:

> 뭐라고? 성체성사(sacrament of the altar)가 기호이므로 진실이 아니라고? 그렇다면 그리스도의 죽음도 기호이고 부활 또한 기호이기에 진실이 아니라는 말인가? 사도행전[Rom. 4: 25]에서 분명히 그리스도의 죽음과 부활을 기호라고, 유사성이라고, 재현이라고, 성체라고, 사례라고 말한다. … 성체성사가 유사성이면서 동시에 진실일 수는 없는가? (Smalley 1964: 93에서 인용)

12세기 중 상징주의와 알레고리의 텍스트적 표현의 확산은, 이전 로마네스크 양식의 의례적 상징화와 물질적 상징화의 지속성을 반영하는 것이라기보다 교육된 텍스트적 실천에 따른 그리스도교 성서와 믿음의 '지성화(intellectualization)'(Stock 1983: 524)라고 보아야 한다.

초월적 실재에 대한 물질적 표현은 그저 그것을 강하게 동기화한 재현이 아니다. 신성한 실재는 성유물에 침전되거나, 기적으로서 징후되거나, 시련으로서 선고되거나, 꿈과 황홀경으로서 폭로되는 등, 다양한 방법을 통해 속사(俗事)에 관여한다(Radding 1978: 581). 이에 대한 자료는 초월과 세속의 구별이 무너졌음을 지시하는 것이 아니고 두 영역 간의 '체계적인 절합(節合)'을 설명한다(Brown 1982: 318). 층위들 사이의 체계적 동기화에 관한 리얼리즘의 단호한 주장은, 고착화된 대응이나 유사(similitude)의 포스트 바벨탑 체계는 하나일 수밖에 없다는 것이므로, 상대주의에의 가능성을 극히 제한한다. 아우어바흐(Auerbach)가 지적하듯, 리얼리즘은 대체와 변화에 관한 인식의

편협함과 일치한다

> 세계는 매우 작고 좁아졌으며 그 안의 모든 것은 앞서 대답이 되었고, 또 제대로 된 답을 하는 것이 인간 의무인, 단 하나의 질문을 중심으로 엄격하고 불변적으로 회전했다. 그 안의 인간은 어느 길을 따라야 하는지, 아니면 더 적절하게는, 그에게 오로지 단 하나의 길만이 있다는 것을 안다. 그는 또한 그가 갈라진 길에 도착할 것을 알고, 그리고 그때 왼쪽으로 가라는 사탄의 유혹에도 불구하고 오른쪽으로 돌아가야 한다는 것을 안다. 그 외의 다른 모든 것, 외적 그리고 내적 세계 전체를 휩쓰는 무한성, 그 셀 수 없는 가능성, 배열의 형태, 그리고 계층, 그 모든 것은 사라졌다. (Auerbach 1953: 98)

그렇지만 여전히 허가된 해석학적 실천의 필요성 때문에 그리스도교 교리를 비유적으로 또 유형론적으로 가린 고전적 그리고 유대교적 텍스트가 수용될 가능성은 열려 있었다(Auerbach 1973: 53). 심지어 피에르 아벨라르와 같은 합리주의자도 비그리스도교 텍스트에서–그럴 필요가 없었다면 모순으로만 치부됐을–알레고리의 의미를 찾을 수밖에 없었으니 말이다.

기호학적 관점에서 볼 때 그리스도교적 의례 실천과 그리스도교 신학은 성체성사(Eucharist)에서 가장 근본적으로 합쳐진다: 핵심적 준성사 행위인 성체성사 중–그 자체로서도 초월적 말씀(Word)이 살의 형태로 실현된 중심적 메타기호학적 순간으로서 분석 가능한–성육신(incarnation)의 실체는, 물질적 기표가(빵과 포도주) 신성한 실체(그리스도의 살과 피)로 변형된 형식으로 다시 표상된다(Dunbar 1961: 254; Rubin 1991: 19). 성체성사의 중심성 그 자체가 그 행위의 특수성을 암시한다고 할 수 있다. 즉, 성체성사에서의 특권적인 기호학적 변형은 바로 그 유표된 의례 공간 이외의 공간에서는 복제될 수 없는 것임을 함의하는 것이다.

종교적인 미적 표현은 우상화와 양식적 혁신을 모면하기 위한 아슬아슬한 줄타기를 하게 된다: 숭배자들이 신성체를 기호의 세속적 물질성에서 발견할 때 전자의 우상화에 대한 위험이 도사리게 되고, 예술의 기의적 진실은 불변한다는 차원에서 후자의 양식적 혁신은 단념되어야만 하는 것이다(Gurevich 1985: 6). 도식적으로 반복되는 이상적 형식의 물질적 실현에 대한 강조는 토큰의 변이를 오만과 육욕의 지표로 구성했기에 훗날 르네상스에서보다 중세에서는 불가피한 양식적 변이들이 덜 중요했다(Gellrich 1985: 55; Vance 1986: 191; Haidu 1977: 883). 따라서 중세 예술은 그 형식이 규범에서 벗어나지 않는다는 의미에서 관습적이고, 또 인간의 의도적 합의로 구성됐다는 기호학적 의미에서 비관습적이었다(Camille 1989a: 123).

12세기의 기호학적 패턴을 여기서 모두 세밀하게 분석하기에는 지면이 부족하다. 그러나 이에 관한 자료 중 내가 가장 가치 있다고 생각하는 것은 유물의 번역, 건축학적 혁신, 성체성사 신학, 성화상 논쟁, 토착 문학 장르, 그림 수사본, 역사적 서사, 알레고리적 해석, 사법적 가책, 그리고 기사도적 의식(儀式)에 관한 자료들이다. 일반적으로 이 시기에 관한 연구들은 11세기부터 12세기까지의 급격한 변화를 편리한 연대기적 혹은 발생적 대립들, 즉–(1) 문학 장르의 경우, 서사로부터 로맨스로(Vance 1987); (2) 로마네스크적 예술양식으로부터 고딕 양식으로(Nichols 1983); (3) 수직적, 환유적, 시간적 문법 담론으로부터 수평적, 은유적, 공간적 담론으로(Bloch 1983); (4) 텍스트성의 구술적 양상으로부터 문자적 양상으로(Stock 1983: 472); (5) 신정정치로부터 계약적 정치조직체로(Reiss 1982); (6) 카리스마적 예시로부터 지적 이성주의의 교육 표준으로(Jaeger 1994); (7) 자연적 교환으로부터 경제적 활동에서의 금전적 세미오시스로(Haidu 1993); (8)

자기중심적 미신으로부터 합리적 과학으로(Radding 1978: 1979); (9) 합의에 따른 정치적 권위로부터 강압적 형식의 권위로(Brown 1982); (10) 문학적 스타일에서 의미에 대한 집중으로부터 재현에 대한 집중으로(Robertson 1962: 145); (11) 이원적인 정치적 그리고 우주적 구조로부터 삼원적인 것으로(Le Goff 1984); 그리고 (12) 철학적 실재론으로부터 명목론으로의(Bloch 1983)–대립들로서 표현하는 경향이 있다.

그러나 나는 이 같은 유용한 표지(label)들이 기호학적 진화의 선상에서 구별되는 유형분류체계 단계들의 병렬적 징후들로 이해되지 *않아야* 한다고 생각한다. 이 연구들에서는 빈번히 중세의 다양한 상징 담론이 통시적으로 계층화되고 그래서 리얼리즘의 양 측면 중, 기표와 기의가 불분명해진 현상으로 해석되는 첫 번째 유형론적 세는 민속전통의 흔적 또는 '지방에서 지하의'(Funkenstein 1989: 42) 생활을 영위하는 게르만적 우상숭배의 침투로 선언되고, 반면 자의적 구성이나 이성적 조직성을 전시하는 현상의 세 번째 유형론적 세는 임박한 근대성의 이정표로 분류된다. 이 관점을 따르면 중세는 말 그대로 세들의 중심에 위치하게 된다. 야우스(Jauss)의 말을 빌려보자면 '고대적인 동시에 전통으로 가득하고, 원시 세계의 신화와 의례와 산업사회의 체계와 규칙으로부터, 지식의 근본적 결핍과 관찰에 의존하는 현대 지식으로부터 모두 평등하게 동떨어진 세'(1979: 209)가 중세인 것이다.

이와 같은 방식의 고차원적 중세의 기호적 과정에 대한 구분은 12세기 *당시에* 작용하던 복잡한 상징적 사고방식에 관한 우리의 이해를 별로 돕지 못한다. 이보다 훨씬 중요한 것은 예를 들어 고문체(archaism), 반복, 그리고 혁신과 같이 시간적으로 유표된 문화현상에 대한 국지적 이해를 보여주는 증거이다. 들뢰즈(Deleuze)와 가타리

(Guattari)의 경고를 주목해 볼 필요가 있다:

> 한 시기나 한 집단의 사람들은 매우 혼합되어 있으므로 우리는 특정 사람, 언어, 또는 시기에는 특정한 체제가 상대적 특권을 가진다는 것, 그 이외에 별로 할 말이 없다. 어쩌면 모든 기호학은 혼합된 것이고 다양한 형식의 내용과 결합하는 것일 뿐 아니라 다른 기호체제를 결합하는 것일 수 있다. 전-기표작용적(presignifying) 요소는 기표작용적 체제 내에서 늘 활동적이다. 반-기표작용적(countersignifying) 요소는 그 안에서 늘 존재하며 작용한다. 그리고 탈-기표작용적(postsignifying) 요소는 이미 거기 있다. 심지어 이것조차도 지나치게 시간성을 유표하는 것이다. 기호학과 그것의 혼합물은 대립의 역사와 사람의 섞임에 드러날 수도 있지만 여러 경쟁적 기능이 존재하는 언어에서 또한 드러날 수 있다. (Deleuze and Guattari 1987: 119)

그러나 방법론적 역설은 우리가 한 시기의 사회주체에 대한 자기 이해에 더 집중하면 할수록 우리는 공식적으로 엔텍스트화된 메타기호학적 서술을 명백히 그 반대일 수 있음에도 불구하고 세미오시스의 지배적 양식으로 수용하는 경향이 있다는 것이다. 만연한 기호학적 실천은 그것이 습관이 되었고 전제가 되었기에 텍스트화된 담론에서 객관화되지 않을 수 있음에도 불구하고 말이다.

나는 지금까지의 정합적인 세들에 관한 논의를 버리고, 이 연속체적 기간들의 구분을 비엘리트, 엘리트, 그리고 비의 전문가의 계층화와 병렬하는 위계 사회의 반복적인 기호학적 노동의 이어적(heteroglossic) 구분으로 바라보는 것이 더 적절하다고 본다. 첫 번째 집단은 주로 비성찰적 아비투스에 따라 행동하고, 두 번째 집단은 공식적인 독사(*doxa*, 俗見)[7]를 수립하며, 세 번째 집단은 지적 합리화와 심지어 사회의 기호학적 활동에 관한 창조적 파괴까지도 제공한다. 12세기에 진행된 급격한 사회변화에도 불구하고–어쩌면 더 적절히는 그것 때문에–기호이데올로기와 메타기호학적 담론은 다양한 문화의 장을 가로질러 안정화, 체계화, 그리고 일반화되었다(Robertson 1962: 172). 이것은 비교문화적으로 중요한 리얼리즘의 차원일 수 있는데, 그 이유는 누구나 알다시피 기의의 초월적인 불변성은 그 사실을 공표하는 자의 정치적 영속성을 지표하기 때문이다. 공식적 이데올로기의 부호화와 더불어 이것은 이교도, 유대인, 이슬람교도를 향한 그리고 내적으로는 모든 이단 종파와 자유로운 사상가에 대한 자민족중심주의의 강화로 이어졌다. 이 엄격한 지성화 과정은 일관된 '세미오시스의 이데올로기'(Vance 1986)를 반영하고 텍스트의 물리적 안정성과 해석 가능성의 원칙 둘 모두를 편제하는 메타텍스트적 장르(예: 평론, 주석, 컬렉션, 백과사전 등)의 성장에서 폭넓게 드러난다.

바로 이 시점에서 우리는 바흐친(1981)의 충고에 주의를 기울일 필요가 있다. 바흐친은 사회적 이어성(異語性)에 관한 소설에서의 예술적 재현은 민족주의와 표준화의 움직임이 이러한 원심력적인 유행들을 위협했을 때에 발달했다고 밝혔다. 이와 유사하게 12세기에는 '단성적(monophonic)' 체계성을 향한 움직임과 더불어 대조되는 기호학적 기제들의 동시적인 작용을 입증하는 복잡한 상호텍스트성 사례를 발견할 수 있다. 이 세기에는–시토 수도회의 수도원 제도(Cistercian monasticism)와 더 일반적으로는 교회의 권위를 대표하는–수도자 클레르보의 베르나르(Bernard of Clairvaux) 그리고–대학기관의 새로운 스콜라 철학과 더 일반적으로는 인간 이성의 독립성을 대표하

7) 그리스어 doxa는 의견, 억견(臆見), 통념, 믿음 등으로 번역되기도 한다.

는–철학자 피에르 아벨라르(Peter Abelard) 간의 논쟁과 같은 '전통'과 '근대' 담론들 사이의 활발한 상호침투들이 있었다(Jaeger 1980; Stock 1990: 169-170; Vance 1986: 62). 이러한 다수의 해석학적 관점들은 제각기 다른 사회적 제도들에 적용되어 다양한 인간의 필요들을 충족시키는 데에 활용됐었다(Stock 1990: 40). 또한, 한편으로는 과시적인 신축 대성당들과 번창하는 그것들의 장식미술 간의 널리 알려진 갈등들도 있었고, 다른 한편으로는 그것들의 맹신적이고 상업적인 과잉을 비난하는 수도원의 목소리들(voices)도 있었다(Rudolph 1990). 수도사 베르나르가 불평하기를,

> 나는 요즘 너무 흔하여 중요하지 않게 보이는 중대한 남용들에 다가가고 있다. 아찔하도록 높이 솟은 성당들, 그것의 터무니없는 길이, 그것의 과도한 넓이 그리고 값비싼 마감들을 무시하고 지나친다. 시선을 끌고 그 안 신도들의 신앙심을 시험하는 정교한 이미지들, 그것들은 내 마음속에 되레 구약시대 유대교인들의 예배를 연상시킨다. … 따라서 이유는 알 수 없으나 부유한 곳으로 보이면 보일수록 제물은 더 자유로이 흘러들어오기에, 부는 부를 호출하고 돈은 돈을 수반하여온다. 금으로 만든 상자 속의 성유물에 눈이 번쩍 뜰 때 지갑도 마찬가지로 열린다. 성인의 아름다운 이미지가 전시된다: 색깔이 밝을수록 그 또는 그녀는 더 신성한 자이다. 서둘러 그 이미지에 입맞춤하려는 사람들은 선물을 제공하라는, 그리고 그들이 존경해야 할 신성성보다는 이미지의 아름다움에 더 경이로워하라는 권유가 있다. (Bernard of Clairvaux, Matarasso 1993: 53-54에서 인용)

그러나 이와 같은 수도원의 보수성은 고딕 건축계획의 확산을 저지하지 않았다. 그리고 많은 이들은 정교한 예술적 표현에 관한 신플라톤주의적 상징주의의 전통적 원칙에 입각한 정당화를 서둘러 제공했다. 성 빅토르의 리카르도(Richard of St. Victor)에 의하면:

> 유형적 성물(corporeal goods)은 비가시적이고 무형적인 존재와 유사성을 지닌 만큼, 신앙인들에게 영성의 풍경을 제공한다는 것에는 의심의 여지가 없다. (Richard of St. Victor 1979: 198)

주변의 자연적 또는 인공적 아름다움을 인식하기 거부한 것으로 알려진 베르나르와는 대조적으로 생드니 대수도원장 쉬제르는 귀금속 보석과 크리스털 유리에 대한 명상이 보다 '숭고한' 영성의 경지를 반영한다고 주장했다:

> 천주의 집의 아름다움에 기뻐하던 중 색색 가지 보석들의 사랑스러움이 나를 외부적 고민으로부터 멀어지게 했을 때, 값진 명상이 나로 하여금 반성케 했을 때, 그렇게 물질적인 것이 성스러운 미덕의 다양성에 의해 비물질적인 것으로 옮겨갈 때, 그때, 나는 마치 나 자신이 어떤 끈적거리는 지구도 순수한 천국도 아닌 이상한 지역에 있는 것처럼 생각되고, 또 하느님의 은총에 의해 이 저급한 세상으로부터 그 숭고한 세계에, 신비적인 방식으로 이동할 수 있을 것만 같다. (Abbot Suger, Panofsky 1979: 21에서 인용)

심미적 기표와 초월적 기의의 상대적 우위에 관한 이 활발한 논쟁은 구술적 담론 실천과 문자적 담론 실천 간의 상호교차적 긴장에 의하여 매개되었다(Bäuml 1987; Doane and Pasternack 1991; Foley 1991, 1995; Gellrich 1989; Nicolaisen 1995; Renoir 1987; Richter 1994; Stock 1983). 부상하던 토속문학에는 구술 장르가 흡수되었을 뿐 아니라, 글쓰기 활동 그 자체도 구두 담화가 그저 그래픽으로서 수동적으로 명각화 된 것이 아닌 시각적 이미지의 매개를 통한 것으로 해석되었다(Camille 1996). 또 이 시기의 예술작품은 다수의 해석적 규칙과 다수의 기호학적 체계를 창조적으로 사용했다(Corti

1984: 60). 예를 들어 스타벨로 세폭화(Stavelot Triptych)에서[8] 성십자가를 표현하는 두 개의 비잔틴 성상화는 북유럽 모잔(Mosan)의 서사적 세폭화 중앙에 위치하여 '물질적 지표성'의 논리와 '모방적 시뮬레이션'의 논리를 계층화한다(Bann 1989: 218; Belting 1994: 302). 그리고 엄격한 관습 코드에 따라 사회집단을 정의하는 12세기 문장(紋章) 문양은 부계혈통을 강조하는 족보에 의해서 정당화된다. 밴스(Vance)는 이 문양들을 '하나가 다른 하나를 변증법적으로 되살려내면서 같은 문화 내의 상반되는 기호학적 체계들을' 결합하는 진정한 '전환사들'로 이해한다(Vance 1987: 112).

비교 논쟁의 근거를 문화적 담론의 실질적 내용이나 기호학적 총체의 세기적 특징이 아닌 구체적인 기호학적 *과정의* 내포적 규칙성의 분석에 둔다면, 나는 코흐(Koch in Grzybek 1994b)가 언급한 '메타유전학적 오류(metagenetic fallacy)', 즉 이전의 진화론적 단계가 이후에 발생한 구조에 따라 설명되는 논리적 오류를 피할 수 있을 것이라 생각한다. 기호학적 세들을 혼란으로부터 동기화 그리고 동기화로부터 관습으로의 점진적 이동에 근거하여 구성하는 것은, 당대의 사회 계층화를 통시적인 문화적 층의 겹침으로 인지하는 근대적 오인에서 비롯된 메타유전학적 오류일 뿐이다. 이것은 사실 내가 『신성한 유적』(*The Sacred Remains*)에 기록한 벨라우 사회의 신화적인 그림의 발달과도 병렬적인 사례라고 할 수 있다. 이 오류는 어쩌면 마치 내 벨라우 민족지에서 직선형의 '길'로부터 네 개의 '모서리 기둥', 그리고 이원적 '측면'으로 이어지는 점진적인 인식론적 진행에 관한 분석을 읽고서는–내 의도는 현지에서 수집한 기원신화들이 현재의 문화적 복잡성을 과거에 회고적으로 투사한다는 것을 입증하는 것이었음

8) 스타벨로 세폭화는 세 폭의 그림으로 이루어진 황금 성해함이자 제단화이다.

에도–그것을 벨라우의 실제 역사라고 생각한 사람들의 숫자만큼이나 곳곳에 만연하다(Parmentier 1991: 175). 메타유전학적 오류는 각 세대에서마다 수용, 재해석, 또는 재발견되는 문화 텍스트의 통시적 재맥락화에의 예민함과 똑같은 것이 *아니다*. 실제로, 메타유전학적 오류는 그 반대의 경향, 즉 자신의 문화에 존재하는 해석적 규범, 텍스트적 장르, 그리고 사회계층을 통해 '타자'를 해석하는 경향을 띠고 따라서 대화적 이해를 자민족중심주의적인 투사로 대체한다.

이 마지막 의견들이 리얼리즘의 기호학 주제에서 벗어난 것이라고 느껴질 수도 있겠다. 나는 우리가–하나의 관점에서 종교적 정설인 중세적 리얼리즘의 반-상대주의 그리고 무관점적인 인식론적 통설인 과학적 리얼리즘 뿐 아니라, 추가로–합리적인 역사적 재구성으로서 근본적으로 자민족중심주의적인 현재론(presentism)을 은폐하는 *포괄적(global)* 비교의 프레임체계의 위험성에 주목해야 함을 제안하고자 한 것이다. 홀렌슈타인(Holenstein)이 설명하듯:

> 그러나 만일 문화가 비고전적이고 비낭만적인 총체이고 엄격한 상호의존적 관계들이 전 세계가 아닌 국지적 차원과 지역적 차원에만 적용된다면, 다른 문화들의 부문들에 대한 상호비교가 가능할 것이다. 다른 문화들이 똑같은 형식을 지닐 것이므로, 그때에는 전체의 문화 프레임체계 간 차이에도 불구하고 다른 문화들에 대응하는 대상의 장들이 똑같은 법칙에 의해 지배될 가능성이 있을 수도 있기 때문이다. (Holenstein 1995: 73)

우리의 분석의 눈높이를 약간 낮추는 것은 옳은 분석을 향한 바람직한 발돋움이 되리라 생각한다.

주석

* 이 강의를 할 수 있도록 이마트라로 초청 해 준 국제 기호학 연구소장 에로 타라스티(Eero Tarasti, Director, International Semiotics Institute)와 노르딕 기호학 연구 협회장 고란 소네슨(Goran Sonesson, President, Nordic Association for Semiotic Studies)에게 감사 인사를 전한다. 나는 이마트라에서 나오미 커밍(Naomi Cumming), 토르 에릭슨(Tore Eriksson), 그리고 로버트 해튼(Robert Hatten)과 다양한 기호학 주제들에 대해 때로는 밤 늦도록 의견을 나눴다. 이마트라에서의 경험을 특별히 만들어 주신 데에 감사드린다. 토마스 시비억(Thomas A. Sebeok)은 내 강의의 출판을 도와주었고, 관대하게도 편집자의 말까지 써 주었다. 이 연구 초기에 피터 워간(Peter Wogan)은 문헌 조사를 도와주었다. 내 연구조교였던 캐럴 로젠스타인(Carole Rosenstein)은 꼼꼼한 편집 실력을 바탕으로 원고 초안부터 마지막 수정 작업까지 출판을 도와줬다. 나의 중세에 대한 포식적인 탐구는 크레그 데이비스(Craig Davis)와 알폰소 프로카치니(Alfonso Procaccini)의 격려와 참고문헌 공유를 통해 가능했다. 물론, 이 연구의 모든 책임은 내게 있다. 나의 예술양식과 시각이미지들에 대한 생각들은 로버트 피터슨(Robert Petersson)과의 10년 넘는 교류를 통해 발전됐다. 니나 캐머러(Nina Kammerer)는 연구 초반부터 마지막까지 격려해줬고, 또 나의 미흡함에도 불구, 이 연구를 출판하라고 권했다. 엠마 파멘티어(Emma Parmentier)는 모든 것을 균형 잡힌 시각으로 바라볼 수 있게 해 줬다. 나는 이 연구를 이마트라 과거,

현재, 그리고 미래의 기호학 학생들에게 헌정한다.

1. 벵베니스트(Benveniste 1969); 분(Boon 1979 1982); 들르달(Deledalle 1976); 에코(Eco 1975 1984); 야콥슨(Jakobson 1980); 파멘티어(Parmentier 1994b); 라이스(Reiss 1989); 시비억(Sebeok 1981); 쇼트(Short 1982 1989).
2. 이 부분에서 다루는 칸트와 훔볼트에 대한 논의는 파멘티어(Parmentier 1985c: 365-369)를 따른다.
3. 실버스틴의 수많은 언어학, 인류학, 심리학, 그리고 기호학적 출판물 중 사회과학도에게 특히 적절한 것은 다음의 논문들이다: 실버스틴(Silverstein 1972, 1975a, 1975b, 1976, 1977, 1979, 1981a, 1981b, 1984, 1985a, 1985b, 1985c, 1986, 1987a, 1987b, 1992, 1993, 1994, 1996).
4. '기호학적 민족지학자'라고 칭할 수 있는 학자들은 다음과 같다: 멀딘 앤더슨(Myrdene Anderson 1991, 1994); 리처드 바우만(Richard Bauman 1977, 1996); 제임스 분(James Boon 1977, 1979, 1980, 1982, 1984, 1989, 1990); 폴 뷔삭(Paul Bouissac 1972, 1977, 1979a, 1979b, 1985, 1992, 1994); E. 발렌틴 다니엘(E. Valentine Daniel 1983, 1984, 1989); 리 드러먼드(Lee Drummond 1978, 1981, 1987, 1996); 존 갈라티(John Galaty 1981, 1983); 윌리엄 행크스(William Hanks 1984, 1987, 1989, 1990, 1993, 1996a, 1996b); F. 알란 핸슨(F. Allan Hanson 1982, 1983, 1985); F. 알란 핸슨과 루이스 핸슨(F. Allan Hanson and Louise Hanson 1981, 1983); 마이클 허츠펠드(Michael Herzfeld 1981a, 1981b, 1982a, 1982b, 1983, 1985, 1986a, 1986b, 1986c, 1986d, 1986e, 1987, 1988, 1992, 1993); 요시히코 이케가미(Yoshihiko Ikegami 1985, 1986, 1989, 1994); 로저 조지프(Roger Joseph 1980a,

1980b, 1981); 로저 조지프와 T. B. 조지프(Roger Joseph and T. B. Joseph 1987); 베네타 줄스-로제트(Bennetta Jules-Rosette 1984, 1990); 엘리자베스 머츠(Elizabeth Mertz 1983, 1985, 1989, 1993, 1996); 낸시 문(Nancy Munn 1966, 1970, 1973a, 1973b, 1986); 로저 니이크(Roger Neich 1982, 1990); 리처드 파멘티어(Richard Parmentier 1984, 1985a, 1985b, 1987, 1988, 1993, 1994b); 에릭 쉼머(Eric Schwimmer 1974, 1976, 1977, 1979a, 1979b, 1981, 1983, 1985, 1986, 1990); 로포 세코니(Ropo Sekoni 1992); 마이클 실버스틴(Michael Silverstein 3번 각주를 참조); 밀턴 싱어(Milton Singer 1973, 1977, 1978, 1981, 1982, 1984, 1986, 1988, 1989); 그레그 어반(Greg Urban 1986); 발레리오 발레리(Valerio Valeri 1985, 1987, 1990, 1991); 제임스 와이너(James Weiner 1986, 1988, 1995); 아이린 포르티스 위너(Irene Portis Winner 1982, 1983, 1988, 1989).

5. 이 부분은 다른 저서에서 더 길게 다룬 오베예세케레와 살린스의 논쟁을 이용한다(Parmentier 1996).
6. 바이어스에 대한 언급은 앞선 파멘티어(Parmentier 1994a)에서의 비판들을 수정한다.
7. 이 문제에 대한 중요한 입장들은 다음 논문에서 다루어진다: 베드나릭(Bednarik 1994a, 1994b); 빈포드(Binford 1989); 바이어스(Byers 1991, 1992); 체이스(Chase 1991); 콘키(Conkey 1978, 1980, 1982); 두펫(Duffet al. 1992); 호더(Hodder 1988, 1989, 1990); 마샥(Marshack 1972, 1978, 1989, 1991); 새킷(Sackett 1986); 화이트(White 1992); 와브스트(Wobst 1977).
8. '원시' 또는 '고대' 세계 유형론을 다룬 연구들은 카시러(Cassirer 1944a, 1955, 1969, 1996); 프랭크퍼트(Frankfort et al. 1946); 이

바노프(Ivanov 1973, 1974, 1993); 레비스트로스(Lévi-Strauss 1966, 1967, 1969, 1976, 1987); 라파포트(Rappaport 1979); 리쾨르(Ricoeur 1969, 1974); 토포로프(Toporov 1976 [1973], 1978); 와그너(Wagner 1986); 중세기를 설명한 연구들은 아사드(Asad 1993); 아우어바흐(Auerbach 1952, 1961, 1965, 1973); 블로크(Bloch 1983, 1991); 카밀르(Camille 1989a, 1993ε); 크란츠(Cranz 1978); 더비(Duby, 1977, 1980, 1981); 에코(Eco 1985a, 1985c, 1986a, 1986b, 1988); 곰브리치(Gombrich 1963, 1972); 그린(Green 1983); 구레비치(Gurevich 1985, 1988, 1992); 하이두(Haidu 1977, 1993); 하위징아(Huizinga 1954, 1959); 르 고프(Le Goff 1980, 1984, 1988a, 1988b, 1990); 로트만(Lotman 1973, 1975); 니콜스(Nichols, 1983, 1986, 1989, 1990a, 1990b); 파노프스키(Panofsky 1957, 1972, 1979); 래딩(Radding 1978, 1979); 라이스(Reiss 1982); 스토크(Stock 1972, 1983, 1984, 1990); 밴스(Vance 1973, 1979, 1985, 1986, 1987, 1988, 1991); 근대를 다룬 연구들은 바르트(Barthes 1972, 1974, 1983); 벤야민(Benjamin 1969, 1978, 1979); 푸코(Foucault 1970); 크리거(Krieger 1990); 크리스테바(Kristeva 1986;) 맥칸넬(MacCannell 1979); 살린스(Sahlins 1976); 포스트모던 시대를 다룬 연구들은 보드리야르(Baudrillard 1979, 1980, 1981a, 1981b, 1982a, 1982b, 1983a, 1983b, 1984, 1985, 1988, 1989, 1990a, 1990b, 1995a, 1995b); 드보르(Debord 1983); 들뢰즈(Deleuze 1989, 1990); 에코(Eco 1985b, 1985d, 1986b); 포스터(Foster 1988); 제임슨(Jameson 1979, 1982, 1984a, 1984b, 1984c, 1986, 1987, 1988a, 1988b, 1990); 크라우제(Krause 1981, 1986); 리오타르(Lyotard 1984a, 1984b, 1984c, 1991); 맥칸넬과 맥칸넬(MacCannell and

MacCannell 1982); 메렐(Merrell 1992).

9. 중세 기호학에 관하여 내가 참고한 안내서들은 다음과 같다: R. 하워드 블로크(R. Howard Bloch 1983, 1985, 1988a, 1988b, 1990a, 1990b, 1991); 마이클 카밀르(Michael Camille 1985a, 1985b, 1987, 1989a, 1989b, 1991, 1992, 1993, 1994, 1996); 메리 카루더스(Mary Carruthers 1990, 1993); 마르샤 콜리쉬(Marcia Colish 1983, 1988, 1992, 1993); 마리아 코르티(Maria Corti 1979, 1982, 1984); F. 에드워드 크란츠(F. Edward Cran, 1978); 피터 드론키(Peter Dronke 1974, 1976, 1980, 1988); 조르주 뒤비(Georges Duby 1977, 1980, 1981); 움베르토 에코(Umberto Eco 1985a, 1985b, 1986a, 1986b, 1988, 1989); 에코와 마르모(Eco and Marmo (eds.) 1989); 조너선 에번스(Jonathan Evans 1985a, 1985b, 1986); 패트릭 기어리(Patrick Geary 1986, 1990, 1994a, 1994b); 제시 겔리치(Jesse Gellrich 1985, 1989); A. J. 구레비치(A. J. Gurevich 1969, 1983, 1985, 1988, 1992); 피터 하이두(Peter Haidu 1972, 1973, 1974, 1977, 1980, 1981, 1983, 1986, 1989-1990, 1990, 1993); 마틴 얼바인(Martin Irvine 1987, 1991); 로저 조지프(Roger Joseph 1987); 자크 르 고프(Jacques Le Goff 1980, 1984, 1988a, 1988b, 1990); 알렉산드르 루펭(Alexandre Leupin 1983, 1986, 1989); 유리 로트만(Juri Lotman 1984); 스티븐 니콜스(Stephen Nichols 1983, 1986, 1988a, 1988b, 1989, 1990a, 1990b, 1990c, 1991, 1993); 낸시 파트너(Nancy Partner 1985, 1986); 브라이언 스토크(Brian Stock 1967, 1972, 1973, 1983, 1984, 1990); 유진 밴스(Eugene Vance 1972, 1973, 1979, 1982, 1985, 1986, 1987, 1988, 1991); 폴 줌터(Paul Zumthor 1984, 1985, 1986).

참고문헌

Abu-Lughod, Lila (1986). *Veiled Sentiments: Honor and Poetry in a Bedouin Society*. Berkeley: University of California Press.

____(1990). Shifting politics in Bedouin love poetry. In *Language and the Politics of Emotion*, C. Lutz and L. Abu-Lughod (eds.). Cambridge: Cambridge University Press.

Andersen, Henning (1991). On the projection of equivalence relations into syntagms. In *New Vistas in Grammar: Invariance and Variation*, L. R. Waugh and S. Rudy (eds.). Amsterdam: John Benjamins.

Anderson, Myrdene (1991). The conduct of artificial life: A quest for artificial death? In *On Semiotic Modeling*, M. Anderson and F. Merrell (eds.) (=Approaches to Semiotics 97). Berlin: Mouton de Gruyter.

____(1994). Breathing life into signs: Ways and means of semiosic transition and transformation. In *Origins of Semiosis: Sign Evolution in Nature and Culture*, W. Nöth (ed.). Berlin: Mouton de Gruyter.

Asad, Talal (1993). *Genealogies of Religion: Discipline and Reasons of Power in Christianity and Islam*. Baltimore, MD: Johns Hopkins University Press.

Auerbach, Erich (1952). Typological symbolism in medieval literature. *Yale French Studies* 9, 3-10.

____(1953). *Mimesis: The Representation of Reality in Western Literature*, trans. by Willard Trask. Garden City, NY: Doubleday.

____(1961). *Dante: Poet of the Secular World, trans. by Ralph Manheim*. Chicago: University of Chicago Press. [Originally published 1929.]

____(1965). *Literary Language and Its Public in Late Latin Antiquity and in the Middle Ages*. Princeton, NJ: Princeton University Press. [Originally published 1958.]

____(1973). Figura, trans. by Ralph Manheim. In *Scenes from the Drama of European Literature*, 11-76. Gloucester, MA: Peter Smith. [Originally published 1938.]

Bakhtin, M. M. (1981). *The Dialogic Imagination: Four Essays*, trans. by Caryl Emerson and Michael Holquist. Austin: University of Texas Press.

____(1986). *Speech Genres and Other Late Essays*, trans. by Vern W. McGee. Austin: University of Texas Press.

Bal, Mieke and Bryson, Norman (1991). Semiotics and art history. *Art Bulletin* 73, 174-208.

Bann, Stephen (1989). *The True Vine: On Visual Representation and the Western Tradition*. Cambridge: Cambridge University Press.

Barthes, Roland (1969). *Elements of Semiology*, trans. by Annette Lavers and Colin Smith. New York: Hill and Wang. [Originally published 1964.]

____(1972). Myth today. In *Mythologies*, 109-159, trans. by Annette Lavers. New York: Hill and Wang. [Originally published 1956.]

____(1974). *S/Z*, trans. by Richard Miller. New York: Farrar, Straus and Giroux. [Originally published 1970.]

____(1977a). The photographic message, trans. by Stephen Heath. In *Image Music Text*, 15-31. New York: Hill and Wang. [Originally published 1961.]

____(1977b). Rhetoric of the image, trans. by Stephen Heath. In *Image Music Text*, 32-51. New York: Hill and Wang. [Originally published 1964.]

____(1983). *The Fashion System*, trans. by Matthew Ward and Richard Howard. New York: Hill and Wang. [Originally published 1967.]

____(1986). The reality effect, trans. by Richard Howard. In *The Rustle of Language*, 141-148. New York: Hill and Wang. [Originally published 1964.]

____(1988). Semantics of the object, trans. by Richard Howard. In *The Semiotic Challenge*. New York: Hill and Wang. [Originally published 1964.]

Baudrillard, Jean (1979). Doctrine of the similar. *New German Critique* 17, 65-69.

____(1980). The implosion of meaning. In *The Myths of Information*, K. Woodward (ed.). Madison, WI: Coda Press.

____(1981a). Beyond the unconscious: The symbolic, trans. by Lee Hildreth. *Discourse* 3, 60-87.

____(1981b). *For a Critique of the Political Economy of the Sign*, trans. by Charles Levin. St. Louis, MO: Telos Press.

____(1982a). The Beaubourg-effect: Implosion and deterrence. *October* 20, 3-13.

____(1982b). Fatality or reversible immanence: Beyond the uncertainty principle. *Social Research* 49 (2), 272-293.

____(1983a). The ecstasy of communication. In *The Anti-Aesthetic: Essays on Postmodern Culture*, H. Foster (ed.). Port Townsend, WA: Bay Press.

____(1983b). *In the Shadow of the Silent Majorities ... or the End of the Social and Other Essays* (=Foreign Agents Series), trans. by Paul Foss, Paul Patton, and John Johnston. New York: Semiotext(e).

____(1983c). *Simulations* (=Semiotexte(e) Foreign Agents Series), trans. by Paul Foss, Paul Patton, and Philip Beitchman. New York: Semiotext(e).

____(1984). The structural law of value and the order of simulacra, trans. by Charles Levin. In *The Structural Allegory: Reconstructive Encounters with the New French Thought*, J. Fekete (ed.). Minneapolis: University of Minnesota Press.

____(1985). The masses: The implosion of the social in the media, trans. by Marie Maclean. *New Literary History* 16, 577-589.

____(1988). *Jean Baudrillard: Selected Writings*, ed. by Mark Poster. Stanford, CA: Stanford University Press.

____(1989). *America*, trans. by Chris Turner. London: Verso.

____(1990a). Mass media culture. In *Revenge of the Crystal*, Paul Foss and Julian Pefanis (ed. and trans.), 63-98. Concord, MA: Pluto Press.

____(1990b). *The Transparency of Evil: Essays on Extreme Phenomena*, trans. by James Benedict. London: Verso.

____(1995a). *The Illusion of the End*. Stanford, CA: Stanford University Press.

____(1995b). *Simulacra and Simulations*, trans. by Paul Foss, Paul Patton, and Philip Beitchman. Ann Arbor: University of Michigan Press.

Bauman, Richard (1977). *Verbal Art as Performance*. Prospect Heights, IL: Waveland Press.

____(1996). Transformations of the word in the production of Mexican festival drama. In *Natural Histories of Discourse*, M. Silverstein and G. Urban (eds.). Chicago: University of Chicago Press.

Bäuml, Franz H. (1987). The theory of oral-formulaic composition and the written medieval text. In *Comparative Research on Oral Traditions*, J. M. Foley (ed.). Columbus, OH: Slavica.

Baxandall, Michael (1971). *Giotto and the Orators: Humanist Observers of Painting in Italy and the Discovery of Pictorial Composition, 1350-1450*. Oxford: Oxford University Press.

____(1972). *Painting and Experience in Fifteenth Century Italy: A Primer in the Social History of Pictorial Style*. Oxford: Oxford University Press.

____(1979). The language of art history. *New Literary History* 10, 453-465.

____(1985). *Patterns of Intention: On the Historical Explanation of Pictures*. New Haven, CT: Yale University Press.

Bednarik, Robert G. (1994a). A taphonomy of palaeoart. *Antiquity* 68, 68-74.

____(1994b). Art origins. *Anthropos* 89, 169-180.

Belting, Hans (1994). *Likeness and Presence: A History of the Image Before the Era of Art*. Chicago: University of Chicago Press.

Benjamin, Walter (1969). The work of art in the age of mechanical reproduction, trans. by Harry Zohn. In *Illuminations*, 217-251. New York: Schocken.

____(1978). Surrealism: The last snapshot of the European intelligentsia, trans. by Edmond Jephcott. *New Left Review* 108, 47-56.

____(1979). Doctrine of the similar, trans. by Knut Tarnowski. *New German Critique* 17, 65-69. [Originally published 1933.]

Benson, Robert L. and Constable, Giles (eds.) (1982). *Renaissance and Renewal in the Twelfth Century*. Cambridge, MA: Harvard University Press.

Benton, John F. (1984). *Self and Society in Medieval France: The Memoirs of Abbot Guibert of Nogent*. Toronto: University of Toronto Press.

Benveniste, Émile (1969). Sémiologie de la langue. *Semiotica* 1 (1/2), 1-12, 127-135.

____(1970). The structure of language and the structure of society. In *Linguaggi nella società e nella tecnica*, 459-468. Milan: Edizioni di Comunità.

Binford, L. R. (1989). Style of style. *Journal of Anthropological Archaeology* 8, 51-67.

Birnbaum, Henrik (1993). Language, reality, culture and semiotic modeling. *Elementa: Journal of Slavic Studies and Comparative Cultural Semiotics* 1 (1), 9-22.

Bloch, R. Howard (1983). *Etymologies and Genealogies: A Literary Anthropology of the French Middle Ages*. Chicago: University of Chicago Press.

____(1985). Naturalism, nationalism, medievalism. *Romantic Review* 76 (4), 241-260.

____(1988a). The dead nightingale: Orality in the tomb of Old French literature. *Culture and History* 3, 63-78.

____(1988b). The medieval text–*Guigemar*–as a provocation to the discipline of medieval studies. *Romantic Review* 79, 63-73.

____(1990a). Critical communities and the shape of the medievalist's desire: A response to Judith Ferster and Louise Fradenburg. *Exemplaria: A Journal of Theory in Medieval and Renaissance Studies* 2 (1), 203-220.

____(1990b). The lay and the law: Sexual/textual transgression in La Chastelaine, de Vergi the Lai d'Ignature, and the Lais of Marie de France. *Stanford French Review* 14 (1/2), 181-210.

____(1991). *Medieval Misogyny and the Invention of Western Romantic Love*. Chicago: University of Chicago Press.

Boas, Franz (1942a). The ethnological significance of esoteric doctrines. In *Race, Language and Culture*, 312-315. New York: Free Press. [Originally published 1901.]

____(1942b). Representative art of primitive people. In *Race, Language and Culture*, 535-540. New York: Free Press. [Originally published 1916.]

Boler, John F. (1989). Isomorphism: Reflections on similitude and form in medieval sign theory. *Livstegn* 7 (2), 72-90.

Boon, James A. (1977). Anthropology's *devata. Semiotica* 21 (1/2), 171-181.

____(1979). Saussure/Peirce *a propos* language, society, and culture. *Semiotica* 27 (1/3), 83-101.

____(1980). Comparative de-enlightenment: Paradox and limits in the history of ethnology. *Daedalus* 109, 73-91.

____(1982). *Other Tribes, Other Scribes: Symbolic Anthropology in the Comparative Study of Cultures, Histories, Religions, and Texts*. Cambridge: Cambridge University Press.

____(1984). Folly, Bali, and anthropology, or satire across cultures. In *Text, Play, and Story: The Construction and Reconstruction of Self and Society* (=1983 Proceedings of The American Ethnological Society), E. M. Bruner (ed.). Washington, DC: American Ethnological Society.

____(1989). Against coping across cultures: The semiotics of self-help rebuffed. In *Semiotics, Self, and Society* (=Approaches to Semiotics 84), B. Lee and G. Urban (eds.). Berlin: Mouton de Gruyter.

____(1990). *Affinities and Extremes: Crisscrossing the Bittersweet Ethnology of East Indies History, Hindu-Balinese Culture, and Indo-European Allure*. Chicago: University of Chicago Press.

Bouissac, Paul (1972). Clown performances as metasemiotic texts. *Language Sciences* 19, 1-7.

____(1977). Semiotics and spectacles: The circus institution and representations. In *The Perfusion of Signs*, T. A. Sebeok (ed.). Bloomington: Indiana University Press.

____(1979a). A compass for semiotics. *Ars Semiotica* 2, 205-221.

____(1979b). Semiotics and surrealism. *Semiotica* 25 (1/2), 45-58.

____(1985). The potential role of semiotics for the advancement of knowledge. *RS/SI* 5, 339-346.

____(1992). The construction of ignorance and the evolution of knowledge. *University of Toronto Quarterly* 61 (4), 460-472.

____(1994). Deixis vs. modeling in the phylogeny of artistic behavior. In *Origins of Semiosis*, W. Nöth (ed.). Berlin: Mouton de Gruyter.

Bourdieu, Pierre (1990). *The Logic of Practice*, trans. by Richard Nice. Stanford, CA: Stanford University Press. [Originally published 1980.]

Boyer, Pascal (1990). *Tradition as Truth and Communication: A Cognitive Description of Traditional Discourse*. Cambridge: Cambridge University Press.

____(1994). *The Naturalness of Religious Ideas: A Cognitive Theory of Religion*. Berkeley: University of California Press.

Brown, Peter (1982). Society and the supernatural: A medieval change. In *Society and the Holy in Late Antiquity*, 302-332. Berkeley: University of California Press. [Originally published 1975.]

Bryson, Norman (1983). *Vision and Painting: The Logic of the Gaze*. New Haven, CT: Yale University Press.

____(1992). Art in context. In *The Point of Theory: Practices of Cultural Analysis*, M. Bal and I. E. Boer (eds.). New York: Continuum.

Byers, A. Martin (1991). Structure, meaning, action and things: The duality of material cultural meaning. *Journal for the Theory of Social Behaviour* 21 (1), 1-30.

____(1992). The action-constitutive theory of monuments: A strong pragmatist version. *Journal for the Theory of Social Behaviour* 22 (4), 403-446.

____(1994). Symboling and the Middle-Upper Palaeolithic transition: A theoretical and methodological critique. *Current Anthropology* 35 (4), 369-399.

Camille, Michael (1985a). The book of signs: Writing and visual difference in gothic manuscript illumination. *Word and Image* 1, 133-148.

____(1985b). Seeing and reading: Some visual implications of medieval literacy and illiteracy. *Art History* 8 (1), 26-49.

____(1987). Labouring for the Lord: The ploughman and the social order in the Luttrell Psalter. *Art History* 10, 423-454.

____(1989a). *The Gothic Image: Ideology and Image-making in Medieval Art*. Cambridge: Cambridge University Press.

____(1989b). Visual signs of the sacred page: Books in the *Bible moralisée. Word and Image* 5, 111-130.

____(1991). Gothic signs and the surplus: The kiss on the cathedral. In *Contexts: Style and Values in Medieval Art and Literature*, D. Poirion and N. F. Regalado (eds.). New Haven, CT: Yale University Press.

____(1992). *Image on the Edge: The Margins of Medieval Art*. Cambridge, MA: Harvard University Press.

____(1993). Mouths and meanings: Towards an anti-iconography of medieval art. In *Iconography at the Crossroads*, B. Cassidy (ed.). Princeton, NJ: Index of Christian Art.

____(1994). The image and the self: Unwriting late medieval bodies. In *Framing Medieval Bodies*, S. Kay and M. Rubin (eds.). Manchester: Manchester University Press.

____(1996). The dissenting image: A postcard from Matthew Paris. In *Criticism and Dissent in the Middle Ages*, R. Copeland (ed.). Cambridge: Cambridge University Press.

Carruthers, Mary (1990). *The Book of Memory: A Study of Memory in Medieval Culture*. Cambridge: Cambridge University Press.

____(1993). The poet as master builder: Composition and locational memory in the Middle Ages. *New Literary History* 24, 881-904.

Cassirer, Ernst (1942). The influence of language upon the development of scientific thought. *Journal of Philosophy* 39 (12), 309-327.

____(1944a). *An Essay on Man: An Introduction to a Philosophy of Human Culture*. New Haven, CT: Yale University Press.

____(1944b). The concept of group and the theory of perception. *Philosophy and Phenomenological Research* 5 (1), 1-35.

____(1945). Structuralism in modern linguistics. *Word* 1, 99-120.

____(1955). *The Philosophy of Symbolic Forms*, 3 vols., trans. by Ralph Manheim. New Haven, CT: Yale University Press.

____(1969). Mythic, aesthetic, and theoretical space, trans. by Donald Phillip Verene and Lerke Holzwarth Foster. *Man and World* 2, 3-17. [Originally published 1931.]

____(1979). *Symbol, Myth, and Culture: Essays and Lectures of Ernst Cassirer 1935-1945*, ed. by Donald Phillip Verene. New Haven, CT: Yale University Press.

____(1981). *Kant's Life and Thought*, trans. by James Haden. New Haven, CT: Yale University Press.

____(1996). *The Philosophy of Symbolic Forms*. Volume 25, 4, *The Metaphysics of Symbolic Forms*, trans. by John Michael Krois. New Haven, CT: Yale University Press.

Chase, Philip G. (1991). Symbols and Palaeolithic artifacts: Style, standardization, and the imposition of arbitrary form. *Journal of Anthropological Archaeology* 10, 193-214.

Chenu, M.-D. (1968). The symbolist mentality. In *Nature, Man, and Society in the Twelfth Century: Essays on New Theological Perspectives in the Latin West*, trans. by Jerome Taylor and Lester K. Little, 99-145. Chicago: University of Chicago Press. [Originally published 1957.]

Chydenius, Johan (1960). *The Theory of Medieval Symbolism*. Helsinki: Societas Scientiarum Fennica.

Clendinnen, Inga (1994). Cortés, signs and the conquest of Mexico. In *The Transmission of Culture in Early Modern Europe*, A. Grafton and A. Blair (eds.). Philadelphia: University of Pennsylvania Press.

Colish, Marcia L. (1983). *The Mirror of Language: A Study in the Medieval Theory of Knowledge*. Lincoln: University of Nebraska Press.

____(1988). Systematic theology and theological renewal in the twelfth century. *Journal of Medieval and Renaissance Studies* 18, 135-156.

____(1992). *Psalterium scholasticorum*: Peter Lombard and the emergence of scholastic psalms exegesis. *Speculum* 67, 531-548.

____(1993). *Habitus* revisited: A reply to Cary Nederman. *Traditio* 48, 77-92.

Conkey, Margaret W. (1978). Style and information in cultural evolution: Toward a predictive model for the paleolithic. In *Social Archaeology: Beyond Subsistence and Dating*, C. Redman et al. (eds.). New York: Academic Press.

____(1980). Context, structure, and efficacy in paleolithic art and design. In *Symbol as Sense*, M. L. Foster and S. H. Brandes (eds.). New York: Academic Press.

____(1982). Boundedness in art and society. In *Symbolic and Structural Archaeology*, I. Hodder (ed.). Cambridge: Cambridge University Press.

Coomaraswany, A. K. (1935). Medieval aesthetics. I. Dionysuis the Pseudo-Areopagite, and Ulrich Engelberti of Strasburg. *Art Bulletin* 17, 31-47.

Corti, Maria (1979). Models and antimodels in medieval culture. *New Literary History* 10, 339-366.

____(1982). Structures idéologiques et structures sémiotique dans les *sermones ad status* du XIIIe siècle. In *Arch éologie du signe*, L. Brind'Amour and E. Vance (eds.). Toronto: Pontifical Institute of Mediaeval Studies.

____(1984). Culture as text in the thirteenth century. In *Semiosis: Semiotics and the History of Culture*, M. Halle et al. (eds.). Ann Arbor: Michigan Slavic Contributions.

Cranz, F. Edward (1978). 1100 A.D.: A crisis for us? In *De Litteris: Occasional Papers in the Humanities*, M. Despalatovic (ed.). New London: Connecticut College Library.

Crapanzano, Vincent (1986). Hermes' dilemma: The masking of subversion in ethnographic description. In *Writing Culture: The Poetics and Politics of Ethnography*, J. Clifford and G. E. Marcus (eds.). Berkeley: University of California Press.

Daniel, E. Valentine (1983). The pulse as an icon in Siddha medicine. In *South Asian Systems of Healing: Contribution to Asian Studies,* E. V. Daniel and J. F. Pugh (eds.). Leiden: E. J. Brill.

____(1984). *Fluid Signs: Being a Person the Tamil Way*. Berkeley: University of California Press.

____(1989). The semeiosis of suicide in Sri Lanka. In *Semiotics, Self, and Society* (=Approaches to Semiotics 84), B. Lee and G. Urban (eds.). Berlin: Mouton de Gruyter.

Debord, Guy (1983). *The Society of the Spectacle*. Detroit: Black and Red. [Originally published 1967.]

De Certeau, Michel (1988). Ethno-geography: Speech, or the space of the other: Jean de Léry. In *The Writing of History*, trans. by Tom Conley, 209-243. New York: Columbia University Press.

Deledalle, Gérard (1976). Peirce ou Saussure. *Semiosis* 1, 7-13.

Deleuze, Gilles (1989). *Cinema 2: The Time-image*, trans. by Hugh Tomlinson and Robert Galeta. Minneapolis: University of Minnesota Press. [Originally published 1985.]

____(1990). *The Logic of Sense*, trans. by Mark Lester with Charles Stivale. New York: Columbia University Press.

Deleuze, Gilles and Guattari, Felix (1977). *Anti-Oedipus: Capitalism and Schizophrenia*, trans. by Robert Hurley, Mark Seem, and Helen R. Lane. New York: Viking Press. [Originally published 1972.]

____(1987). *A Thousand Plateaus: Capitalism and Schizophrenia*, trans. by Brian Massumi. Minneapolis: University of Minnesota Press. [Originally published 1980.]

Douglas, Mary (1982). The future of semiotics. *Semiotica* 38 (3/4), 197-203.

Doane, A. N. and Pasternack, Carol Braun (eds.) (1991). *Vox Intexta: Orality and Textuality in the Middle Ages*. Madison: University of Wisconsin Press.

Dronke, Peter (1974). *Fabula: Explorations into the Uses of Myth in Medieval Platonism*. Leiden: E. J. Brill.

____(1976). *Abelard and Heloise in Medieval Testimonies*. Glasgow: University of Glasgow Press.

____(1980). Bernard Silvestris, *natura*, and personification. *Journal of the Warburg and Courtauld Institutes* 43, 16-31.

____(1988). Thierry of Chartres. In *A History of Twelfth-Century Western Philosophy*, P. Dronke (ed.). Cambridge: Cambridge University Press.

Drummond, Lee (1978). The trans-Atlantic nanny: Notes on a comparative semiotics of the family in English-speaking societies.

American Ethnologist 5, 30-43.
____(1981). The serpent's children: Semiotics of cultural genesis in Arawak and Trobriand myth. *American Ethnologist* 8, 633-660.
____(1987). Are there cultures to communicate across? An appraisal of the 'culture' concept from the perspective of anthropological semiotics. In *Georgetown University Round Table on Languages and Linguistics 1986*, S. P. X. Battestini (ed.). Washington, DC: Georgetown University Press.
____(1996). *American Dreamtime: A Cultural Analysis of Popular Movies and Their Implications for a Science of Humanity*. Lanham, MD: Rowman and Littlefield.
Duby, Georges (1977). *The Chivalrous Society*, trans. by Cynthia Postan. Berkeley: University of California Press.
____(1980). *The Three Orders: Feudal Society Imagined*, trans. by Arthur Goldhammer. Chicago: University of Chicago Press. [Originally published 1978.]
____(1981). *The Age of Cathedrals: Art and Society, 980-1420*, trans. by Eleanor Levieux and Barbara Thompson. Chicago: University of Chicago Press. [Originally published 1977.]
Duff, Andrew I.; Clark, Geoffrey A.; and Chadderdon, Thomas J. (1992). Symbolism in the early palaeolithic: A conceptual odyssey. *Cambridge Archaeological Journal* 2 (2), 211-229.
Dunbar, H. F. (1961). *Symbolism in Medieval Art*. New Haven, CT: Yale University Press. [Originally published 1929.]
Durkheim, Émile (1965). *The Elementary-Forms of the Religious Life*, trans. by Joseph Ward Swain. New York: Free Press. [Orig-

inally published 1902.]

Eco, Umberto (1975). Looking for a logic of culture. In *The Tell-Tale Sign: A Survey of Semiotics*, T. A. Sebeok (ed.). Lisse: Peter de Ridder.

____(1979). *The Role of the Reader: Explorations in the Semiotics of Texts*. Bloomington: Indiana University Press.

____(1984). *Semiotics and the Philosophy of Language*. Bloomington: Indiana University Press.

____(1985a). At the roots of the modern concept of symbol. *Social Research* 52, 383-402.

____(1985b). Innovation and repetition: Between modern and post-modern aesthetics. *Daedalus* 114 (4), 161-184.

____(1985c). Strategies of lying. In *On Signs*, M. Blonsky (ed.). Baltimore, MD: Johns Hopkins University Press.

____(1985d). Towards a new Middle Ages. In *On Signs*, M. Blonsky (ed.). Baltimore, MD: Johns Hopkins University Press.

____(1986a). *Art and Beauty in the Middle Ages*, trans. by Hugh Bredin. New Haven, CT: Yale University Press. [Originally published 1959.]

____(1986b). *Travels in Hyperreality*, trans. by William Weaver. San Diego: Harcourt Brace Jovanovich.

____(1988). *The Aesthetics of Thomas Aquinas*, trans. by Hugh Bredin. Cambridge, MA: Harvard University Press. [Originally published 1970.]

____(1989). Denotation. In *On the Medieval Theory of Signs*, U. Eco and C. Marmo (eds.). Amsterdam: John Benjamins.

Eco, Umberto and Marmo, Costantino, (eds.) (1989). *On the Medieval Theory of Signs*. Amsterdam: John Benjamins.

Evans, Jonathan D. (1985a). Medieval studies and semiotics: Perspectives on research. In *Semiotics–1984*, J. Deely (ed.). Lanham, MD: University Press of America.

____(1985b). Semiotics and traditional lore: The medieval dragon tradition. *Journal of Folklore Research* 22 (2-3), 85-112.

____(1986). Episodes in analysis of medieval narrative. *Style* 20 (2), 126-141.

Foley, John Miles (1991). Orality, textuality, and interpretation. In *Vox Intexta: Orality and Textuality in the Middle Ages*, A. N. Doane and C. B. Pasternack (eds.). Madison: University of Wisconsin Press.

____(1995). The implications of oral tradition. In *Oral Tradition in the Middle Ages*, W. F. H. Nicolaisen (ed.). Binghamton, NY: Medieval and Renaissance Texts and Studies.

Forge, Anthony (1970). Learning to see in New Guinea. In *Socialization, the Approach from Social Anthropology*, P. Mayer (ed.). London: Tavistock.

Foster, Hal (1988). Wild signs: The breakup of the sign in seventies' art. In *Universal Abandon? The Politics of Postmodernism*, A. Ross (ed.). Minneapolis: University of Minnesota Press.

Foucault, Michel (1970). *The Order of Things: An Archaeology of the Human Sciences*. New York: Random House. [Originally published 1966.]

Frankfort, Henri et al. (1946). *Before Philosophy: The Intellectual*

Adventure of Ancient Man. Baltimore, MD: Penguin.

Freedberg, David (1989). *The Power of Images: Studies in the History and Theory of Response*. Chicago: University of Chicago Press.

Friedrich, Paul (1979). The symbol and its relative non-arbitrariness. In *Language, Context, and the Imagination: Essays by Paul Friedrich*, 1-61. Stanford, CA: Stanford University Press.

Funkenstein, Amos (1989). *Theology and the Scientific Imagination from the Middle Ages to the Seventeenth Century*. Princeton, NJ: Princeton University Press.

Galaty, John G. (1981). Models and metaphors: On the semiotic explanation of segmentary systems. In *The Structure of Folk Models*, L. Holy and M. Stuchlik (eds.). London: Academic Press.

____(1983). Ceremony and society: The poetics of Maasai ritual. *Man* 18, 361-381.

Geary, Patrick J. (1986). Sacred commodities: The circulation of medieval relics. In *The Social Life of Things: Commodities in Cultural Perspective*, A. Appadurai (ed.). Cambridge: Cambridge University Press.

____(1990). *Furta Sacra: Thefts of Relics in the Central Middle Ages*. Princeton, NJ: Princeton University Press.

____(1994a). *Living with the Dead in the Middle Ages*. Ithaca, NY: Cornell University Press.

____(1994b). *Phantoms of Remembrance: Memory and Oblivion at the End of the First Millennium*. Princeton, NJ: Princeton University Press.

Geertz, Clifford (1973). *The Interpretation of Cultures*. New York: Basic Books.

____(1976). 'From the native's point of view': On the nature of anthropological understanding. In *Meaning in Anthropology*, K. Basso and H. Selby (eds.). Albuquerque: University of New Mexico Press.

____(1983). *Local Knowledge: Further Essays in Interpretive Anthropology*. New York: Basic Books.

Gellner, Ernest (1989). *Plough, Sword, and Book: The Structure of Human History*. Chicago: University of Chicago Press.

Gellrich, Jesse M. (1985). *The Idea of the Book in the Middle Ages: Language Theory, Mythology, and Fiction*. Ithaca, NY: Cornell University Press.

____(1989). Orality, literacy, and crisis in the later Middle Ages. *Philological Quarterly* 67, 461-473.

Genosko, Gary (1994). *Baudrillard and Signs: Signification Ablaze*. London: Routledge.

Gerald of Wales (1978). *The Journey Through Wales/The Description of Wales*, trans. by Lewis Thorpe. Harmondsworth: Penguin Books.

Ginzburg, Carlo (1989). *Myths, Emblems, Clues*. Baltimore, MD: Johns Hopkins University Press.

____(1992). Fiction as historical evidence: A dialogue in Paris, 1646. *Yale Journal of Criticism* 5 (2), 165-178.

Godzich, Wlad (1985). The semiotics of semiotics. In *On Signs*, M. Blonsky (ed.). Baltimore, MD: Johns Hopkins University Press.

____(1987). Foreword to Eugene Vance, *From Topic to Tale*. Minneapolis: University of Minnesota Press.

Gombrich, E. H. (1963). Achievement in mediaeval art. In *Meditations on a Hobby Horse and Other Essays on the Theory of Art*, 70-77. Chicago: University of Chicago Press. [Originally published 1937.]

____(1972). *Icones Symbolicae*: Philosophies of symbolism and their bearing on art. In *Symbolic Images: Studies in the Art of the Renaissance*, 123-196. New York: Phaidon Press.

____(1982). The visual image: Its place in communication. In *The Image and the Eye: Further Studies in the Psychology of Pictorial Representation*, 137-161. London: Phaidon. [Originally published 1972.]

Gose, Peter (1989). Labor and the materiality of the sign: Beyond dualist theories of culture. *Dialectical Anthropology* 13, 103-121.

____(1993). Segmentary state formation and the ritual control of water under the Inca. *Comparative Studies in Society and History* 35 (3), 480-514.

____(1996). Oracles, divine kingship, and political representation in the Inka state. *Ethnohistory* 43 (1), 1-32.

Green, Thomas M. (1983). Post-feudal rhetoric and historical semiotics. In *Poetry and Epistemology: Turning Points in the History of Poetic Knowledge*, R. Hagenbuchle and L. Skandera (eds.). Regensburg: Verlag Friedrich Pustet.

Grzybek, Peter (1994a). The concept of 'model' in Soviet semiotics.

Russian Literature 36 (3),285-300.

____(1994b). The culture of nature: The semiotic dimensions of microcosm, mesocosm, and macrocosm. In *Origins of Semiosis: Sign Evolution in Nature and Culture*, W. Nöth (ed.). Berlin: Mouton de Gruyter.

Grzybek, Peter (ed.) (1991). *Cultural Semiotic, Facts and Facets*. Bochum: N. Brockmeyer.

Gurevich, A. J. (1969). Space and time in the *Weltmodell* of the Old Scandinavian peoples. *Medieval Scandinavia* 2, 42-53.

____(1983). Popular and scholarly medieval cultural traditions: Notes in the margin of Jacques Le Goff's book. *Journal of Medieval History* 9, 71-90.

____(1985). *Categories of Medieval Culture*, trans. by G. L. Campbell. London: Routledge & Kegan Paul. [Originally published 1972.]

____(1988). *Medieval Popular Culture*. Cambridge: Cambridge University Press.

____(1992). *Historical Anthropology of the Middle Ages*, ed. by Jana Howlett. Chicago: University of Chicago Press.

Haidu, Peter (1972). Realism, convention, fictionality and the theory of genres in *Le Bel Inconnu. L'Espirit createur* 12, 37-60.

____(1973). Humor and the aesthetics of medieval romance. *Romantic Review* 64 54-68.

____(1974). Making it (new) in the Middle Ages: Toward a problematic of alterity. *Diacritics* 4, 1-12.

____(1977). Repetition: Modern reflections on medieval aesthetics.

MLN 92, 875-887.

____(1980). Towards a socio-historical semiotics: Power and legitimacy in the 'Couronnement de Louis'. *Kodikas* 2, 155-171.

____(1981). Text and history: The semiosis of twelfth-century lyric as sociohistorical phenomenon (Chrétien de Troyes: 'D'Amors qui m'a tolu'). *Semiotica* 33 (1/2), 1-62.

____(1983). The episode as semiotic module in twelfth-century romance. *Poetics Today* 4 (4), 655-681.

____(1986). The semiotization of death: Open text or closed? *Style* 20 (2), 220-251.

____(1989-1990). The semiotics of alterity: A comparison with hermeneutics. *New Literary History* 21, 671-691.

____(1990). Fragments in search of totalization: *Roland* and the historical text. In *Modernité au moyen âge: le dèfi du passé*, B. Cazelles and C. Méla (eds.). Geneva: Droz.

____(1993). *The Subject of Violence: The Song of Roland and the Birth of the State*. Bloomington: Indiana University Press.

Hanks, William F. (1984). Sanctification, structure and experience in a Yucatec Maya ritual event. *Journal of American Folklore*, 97, 131-166.

____(1987). Discourse genres in a theory of practice. *American Ethnologist* 14, 64-88.

____(1989). Text and textuality. *Annual Review of Anthropology* 18, 95-127.

____(1990). *Referential Practice: Language and Lived Space among the Maya*. Chicago: University of Chicago Press.

____(1993). Notes on semantics in linguistic practice. In *Bourdieu: Critical Perspectives*, C. Calhoun, E. LiPuma, and M. Postone (eds.). Chicago: University of Chicago Press.

____(1996a). Exorcism and the description of participant roles. In *Natural Histories of Discourse*, M. Silverstein and G. Urban (eds.). Chicago: University of Chicago Press.

____(1996b). *Language and Communicative Practices*. Boulder: Westview.

Hanson, F. Allan (1982). Method in semiotic anthropology; Or, how the Maori latrine means. In *Studies in Symbolism and Cultural Communication* (=University of Kansas Publications in Anthropology 14), F. A. Hanson (ed.). Lawrence: University of Kansas.

____(1983). When the map is the territory: Art in Maori culture. In *Structure and Cognition in Art*, D. K. Washburn (ed.). Cambridge: Cambridge University Press.

____(1985). Syntagmatic structures: How the Maori made sense of history. *Semiotica* 46 (2/4), 287-307.

Hanson, F. Allan, and Hanson, Louise (1981). The cybernetics of cultural communication. In *Semiotic Themes* (=Humanistic Studies 53), R. T. DeGeorge (ed.). Lawrence: University of Kansas Publications.

____(1983). *Counterpoint in Maori Culture*. London: Routledge & Kegan Paul.

Harrison, Regina (1989). *Signs, Songs, and Memory in the Andes: Translating Quechua Language and Culture*. Austin: University of Texas Press.

Haskins, Charles Homer (1927). *The Renaissance of the Twelfth Century*. Cambridge, MA: Harvard University Press.

Herzfeld, Michael (1981a). An indigenous theory of meaning and its elicitation in performative context. *Semiotica* 34 (1/2), 113-141.

____(1981b). Meaning and morality: A semiotic approach to evil eye accusations in a Greek village. *American Ethnologist* 8, 560-574.

____(1982a). Disemia. In *Semiotics–1980*, M. Herzfeld and M. D. Lenhart (eds.) (=Proceedings of the 5th Annual Meeting of Semiotic Society of America). New York: Plenum.

____(1982b). *Ours Once More: Folklore, Ideology, and the Making of Modern Greece*. Austin: University of Texas Press.

____(1983). Looking both ways: The ethnographer in the text. *Semiotica* 46 (2/4), 151-166.

____(1985). Lévi-Strauss in the nation-state. *Journal of American Folklore* 98, 191-208.

____(1986a). Closure as cure: Tropes in the exploration of bodily and social disorder. *Current Anthropology* 27 (2), 107-120.

____(1986b). Meta-anthropology: Semiotics in and out of culture. In *Semiotics and International Scholarship: Towards a Language of Theory*, J. D. Evans and A. Helbo (eds.). Dordrecht: Martinus Nijhoff.

____(1986c). Of definitions and boundaries: The status of culture in the culture of the state. In *Discourse and the Social Life of Meaning*, P. P. Chock and J. R. Wyman (eds.). Washington, DC: Smithsonian Institution Press.

____(1986d). On some rhetorical uses of iconicity in cultural ideologies. In *Iconicity: Essays on the Nature of Culture*, P. Bouissac et al. (eds.) (=Problems in Semiotics 4). Tübingen: Stauffenburg.

____(1986e). Semiotics as theory or theory as a semiotic of practice? *Georgetown University Round Table on Languages and Linguistics*, 239-254. Washington, DC: Georgetown University Press.

____(1987). *Anthropology through the Looking-Glass: Critical Ethnography in the Margins of Europe*. Cambridge: Cambridge University Press.

____(1988). The poeticity of the commonplace. In *Semiotic Theory and Practice*, M. Herzfeld and L. Melazzo (eds.). Berlin: Mouton de Gruyter.

____(1992). Metapatterns: Archaeology and the uses of evidential scarcity. In *Representations in Archaeology*, J.-C. Gardin and C. S. Peebles (eds.). Bloomington: Indiana University Press.

____(1993). In defiance of destiny: The management of time and gender at a Cretan funeral. *American Ethnologist* 20, 241-255.

Hodder, Ian (1988). Material culture 'texts' and social change: A theoretical discussion and some archaeological examples. *Proceedings of the Prehistoric Society* 54, 67-75.

____(1989). This is not an article about material culture as text. *Journal of Anthropological Archaeology* 8, 250-269.

____(1990). Style as historical quality. In *The Uses of Style in Archaeology*, M. W. Conkey and C. A. Hastorf (eds.). Cambridge: Cambridge University Press.

Holenstein, Elmar (1995). Human equality and intra- as well as intercultural diversity. *The Monist* 78 (1), 65-79.

Huizinga, Johan (1954). *The Waning of the Middle Ages*. Garden City, NY: Doubleday. [Originally published 1924.]

____(1959). *Men and Ideas: History, the Middle Ages, the Renaissance*. Cleveland: Meridian Books.

Humboldt, Wilhelm von (1829). An essay of the best means of ascertaining the affinities of Oriental languages. *Transactions of the Royal Asiatic Society of Great Britain and Ireland* 2, 213-221.

____(1963). *Humanist Without Portfolio: An Anthology of the Writings of Wilhelm von Humboldt*, ed. and trans. by M. Cowan. Detroit, MI: Wayne State University Press.

____(1971). *Linguistic Variability and Intellectual Development*, trans. by G. C. Buck and R. A. Raven. Philadelphia: University of Pennsylvania Press. [Originally published 1836.]

Ikegami, Yoshihiko (1985). From the Sapir-Whorf hypothesis to cultural semiotics: Some considerations on the 'language-culture problem'. In *Scientific and Humanistic Dimensions of Language*, K. R. Jankowsky and E. Johanson (eds.). Amsterdam: Benjamins.

____(1986). Semiotic function of the empty centre in Japanese culture and society. *Asian Studies of Australia Review* 10, 7-14.

____(1989). Homology of language and culture: A case study of Japanese semiotics. In *The Nature of Culture*, W. A. Koch (ed.). Bochum: Brockmeyer.

____(1994). The agent and the sentient: A dissymmetry in linguistic and cultural encoding. In *Origins of Semiosis: Sign Evolution in Nature and Culture*, W. Nöth (ed.). Berlin: Mouton de Gruyter.

Irvine, Judith T. (1992). Implicated dialogues: Structures of participation in discourse. *Working Papers and Proceedings of the Center for Psychosocial Studies*, no. 51. Chicago: Center for Psychosocial Studies.

____(1996). Shadow conversations: The indeterminancy of participant roles. In *Natural Histories of Discourse*, M. Silverstein and G. Urban (eds.). Chicago: University of Chicago Press.

Irvine, Martin (1987). Interpretation and the semiotics of allegory in the works of Clement of Alexandria, Origen, and Augustine. *Semiotica* 64 (1/2), 33-71.

____(1991). Medieval textuality and the archaeology of textual culture. In *Speaking Two Languages: Traditional Disciplines and Contemporary Theory in Medieval Studies*, A. J. Frantzen (ed.). Albany: SUNY Press.

Ivanov, V. V. (1973). On binary relations in linguistic and other semiotic and social systems. In *Logic, Language, and Probability*, R. J. Bogdan and I. Niiniluoto (eds.). Dordrecht: Reidel.

____(1974). On antisymmetrical and asymmetrical relations in natural languages and other semiotic systems. *Linguistics* 1, 35-40.

____(1993). Problems of ethnosemiotics. *Anthropology and Archaeology of Eurasia* (Summer), 9-35. [Originally published 1989.]

Jaeger, C. Stephen (1980). Peter Abelard's silence at the Council of Sens. *Res Publica Litterarum* 3, 31-54.

____(1994). *The Envy of Angels: Cathedral Schools and Social Ide-*

als in Medieval Europe, 950-1200. Philadelphia: University of Pennsylvania Press.

Jakobson. Roman (1960). Linguistics and poetics. In *Style in Language*, T. A. Sebeok (ed.). Cambridge: MIT Press.

____(1980). A glance at the development of semiotics. In *The Framework of Language*, 1-29. Ann Arbor: Michigan Slavic Contributions.

____(1987). *Language in Literature*, ed. by Krystyna Pomorska and Stephen Rudy. Cambridge, MA: Harvard University Press.

Jameson, Frederic (1979). Reification and utopia in mass culture. *Social Text* 1, 130-148.

____(1982). Beyond the cave: Modernism and modes of production. In *The Horizon of Literature*, P. Hernadi (ed.). Lincoln: University of Nebraska Press.

____(1984a). Periodizing the 60s. In *The 60s without Apology*, S. Sayres, A. Stephanson et al. (eds.). Minneapolis: University of Minnesota Press.

____(1984b). The politics of theory: Ideological positions in the postmodernism debate. *New German Critique* 33, 53-65.

____(1984c). Postmodernism, or, the cultural logic of late capitalism. *New Left Review* 146, 53-92.

____(1986). On magical realism in film. *Critical Inquiry* 12, 301-325.

____(1987). Reading without interpretation: Postmodernism and the video-text. In *The Linguistics of Writing: Arguments between Language and Literature*, N. Fabb et al. (eds.). Norwood, NJ:

Ablex.

____(1988a). *The Ideologies of Theory: Essays 1971-1986*. Volume 1, *Situations of Theory*. Minneapolis: University of Minnesota Press.

____(1988b). *The Ideologies of Theory: Essays 1971-1986*. Volume 2, *Syntax of History*. Minneapolis: University of Minnesota Press.

____(1990). Spatial equivalents: Postmodern architecture and the world system. In *The States of 'Theory': History, Art, and Critical Discourse*, D. Carroll (ed.). New York: Columbia University Press.

Jauss, Hans Robert (1979). The alterity and modernity of medieval literature. *New Literary History* 10, 181-227.

Joseph, Roger (1980a). Behind the wall of meaning. *American Ethnologist* 7 (4), 774-778.

____(1980b). Toward a semiotics of Middle Eastern cultures. *International Journal of Middle East Studies* 12, 319-329.

____(1981). The semiotics of the Islamic mosque. *Arab Studies Quarterly* 3, 285-295.

____(1987). Anthropology and the Middle Ages. *Semiotica* 63 (1/2), 205-220.

Joseph, Roger and Joseph, T. B. (1987). *The Rose and the Thorn: Semiotic Structures in Morocco*. Tucson: University of Arizona Press.

Jules-Rosette, Bennetta (1984). *The Messages of Tourist Art: An African Semiotic System in Comparative Perspective*. New York:

Plenum.

____(1990). Semiotics and cultural diversity: Entering the 1990s. *American Journal of Semiotics* 7 (1/2), 5-26.

Kant, Immanuel (1929). *Critique of Pure Reason*, trans. by N. K. Smith. New York: St. Martin's Press. [Originally published 1781.]

____(1967). *Philosophical Correspondence 1759-1799*, trans. by A. Zweig. Chicago: University of Chicago Press.

Kantorowicz, Ernst H. (1957). *The King's Two Bodies: A Study in Medieval Political Theology*. Princeton, NJ: Princeton University Press.

Keeler, Ward (1987). *Javanese Shadow Plays, Javanese Selves*. Princeton, NJ: Princeton University Press.

Ketner, Kenneth L. (1993). Novel science; or, how contemporary social science is not well and why literature and semiotic provide a cure. *Semiotica* 93 (1/2), 33-59.

Knauft, Bruce M. (1994). Pushing anthropology past the posts: Critical notes on cultural anthropology and cultural studies as influenced by postmodernism and existentialism. *Critique of Anthropology* 14: 115-152.

Koch, Walter A. (ed.) (1989). *Culture and Semiotics*. Bochum: N. Brockmeyer.

Krauss, Rosalind E. (1981). The originality of the avant-guard: A postmodern reception. *October* 18, 46-66.

____(1986). Notes on the index. In *The Originality of the Avant-Garde and Other Modernist Myths*, 196-219. Cambridge: MIT

Press. [Originally published 1977.]

Krieger, Murray (1990). The semiotic desire for the natural sign: Poetic uses and political abuses. In *The States of 'Theory': History, Art, and Critical Discourse*, D. Carroll (ed.). New York: Columbia University Press.

Kristeva, Julia (1986). From symbol to sign, trans. by Seán Hand. In *The Kristeva Reader*, T. Moi (ed.). New York: Columbia University Press. [Originally published 1970.]

____(1994). On Yury Lotman. *PMLA* 109 (3), 375-384.

Kroeber, Alfred (1957). *Style and Civilization.* Ithaca, NY: Cornell University Press.

Lachmann, Renate (1993). Value aspects in Jurij Lotman's *Semiotics of Culture/Semiotics of Text*, trans. by Raoul Eshelman and Marc Davis. *Dispositio* 12, 13-33.

Ladner, Gerhart B. (1979). Medieval and modern understanding of symbolism: A comparison. *Speculum* 54, 223-256.

____(1982). Terms and ideas of renewal. In *Renaissance and Renewal in the Twelfth Century*, R. L. Benson and G. Constable (eds.). Cambridge, MA: Harvard University Press.

Lechtman Heather (1975). Style in technology: Some early thoughts. In *Material Culture: Style, Organization, and Dynamics of Technology*, H. Lechtman and R. Merrill (eds.). St. Paul: West Publishing.

____(1994). Technologies of power: The Andean case. In *Configurations of Power: Holistic Anthropology in Theory and Practice*, J. S. Henderson and P. J. Netherly (eds.). Ithaca, NY: Cornell University Press.

Le Goff, Jacques (1980). *Time, Work, and Culture in the Middle Ages*, trans. by Arthur Goldhammer. Chicago: University of Chicago Press.

____(1984). *The Birth of Purgatory*, trans. by Arthur Goldhammer. Chicago: University of Chicago Press. [Originally published 1981.]

____(1988a). *Medieval Civilization 400-1500*, trans. by Julia Barrow. London: Basil Blackwell. [Originally published 1964.]

____(1988b). *The Medieval Imagination*, trans. by Arthur Goldhammer. Chicago: University of Chicago Press. [Originally published 1985.]

____(1990). A coronation program for the age of Saint Louis: The Ordo of 1250. In *Coronations: Medieval and Early Modern Monarchic Rituals*, J. B. Bak (ed.). Berkeley: University of California Press.

Leupin, Alexandre (1983). The Middle Ages: The other. *Diacritics* 13, 22-31.

____(1986). The powerlessness of writing: Guillaume de Machaut, the gorgon, and *Ordenance. Yale French Studies* 70, 144-147.

____(1989). *Barbarolexis: Medieval Writing and Sexuality*, trans. by Kate M. Cooper. Cambridge, MA: Harvard University Press.

Lévi-Strauss, Claude (1966). *The Savage Mind*. Chicago: University of Chicago Press. [Originally published 1962.]

____(1967). The structural study of myth. In *Structural Anthropology*, trans. by. Claire Jacobson and Brooke Grundfest Schoepf,

202-228. New York: Basic Books. [Originally published 1955.]
____(1969). *The Elementary Structures of Kinship*, ed. by Rodney Needham, trans. by James Harle Bell and John Richard von Sturmer. Boston: Beacon Press. [Originally published 1967.]
____(1976). The scope of anthropology. In *Structural Anthropology,* trans. by Monique Layton, vol. 2, 3-32. New York: Basic Books. [Originally published 1960.]
____(1987). *Introduction to the Works of Marcel Mauss*. London: Routledge. [Originally published 1950.]
Levy, David Benjamin (1995). *Beethoven: The Ninth Symphony*. New York: Schirmer Books.
Lévy-Bruhl, Lucien (1975). *The Notebooks on Primitive Mentality*, trans. by Peter Rivière. New York: Harper and Row. [Originally published 1949.]
Lotman, Juri M. (1973). Different cultures, different codes. *Times Literary Supplement* (no. 3736) (12 October), 1213-1215.
____(1974a). On some principle difficulties in the structural description of a text. *Linguistics* 121, 57-63. [Originally published 1969.]
____(1974b). The sign mechanism of culture, trans. by Ann Shukman. *Semiotica* 12 (4), 301-305. [Originally published 1973.]
____(1975). On the metalanguage of a typological description of culture. *Semiotica* 14 (2), 97-123. [Originally published 1969.]
____(1976a). Culture and information, trans. by Stephen White. *Dispositio* 1 (3), 213-215. [Originally published 1970.]
____(1976b). The discrete text and the iconic text: Remarks on the

structure of narrative, trans. by Frances Pfotenhauer. *New Literary History* 6, 333-338. [Originally published 1973.]

____(1976c). Point of view in a text, trans. by L. M. O'Toole. *New Literary History* 6, 339-352. [Originally published 1970.]

____(1977a). The dynamic model of a semiotic system, trans. by Ann Shukman. *Semiotica* 21 (3/4), 193-210.

____(1977b). *Problems in the typology of texts. In Soviet Semiotics: An Anthology*, D. P. Lucid (ed.). Baltimore, MD: Johns Hopkins University Press. [Originally published 1966.]

____(1977c). *The Structure of the Artistic Text* (=Michigan Slavic Contributions 7), trans. by Gail Lenhoff and Ronald Vroon. Ann Arbor: Department of Slavic Languages and Literature, University of Michigan. [Originally published 1971.]

____(1979a). Culture as collective intellect and problems of artificial intelligence, trans. by Ann Shukman. *Dramatic Structure, Poetic & Cognitive Semantics* (=Russian Poetics in Translation 6), 84-95. Colchester: Department of Language and Linguistics, University of Essex.

____(1979b). The origin of plot in the light of typology, trans. by Julian Graffy. *Poetics Today* 1 (1/2), 161-184. [Originally published 1973.]

____(1984). 'Agreement' and 'self-giving' as archetypal models of culture, trans. by N. F. C. Owen. In *The Semiotics of Russian Culture* (=Michigan Slavic Contributions 11), 125-140. Ann Arbor: Department of Slavic Languages and Literature, University of Michigan. [Originally published 1980.]

____(1990). *Universe of the Mind: A Semiotic Theory of Culture*, trans. by Ann Shukman. Bloomington: Indiana University Press.

____(1991). Technological progress as a problem in the study of culture. *Poetics Today* 12 (4), 781-800. [Originally published 1988.]

____(1993). Painting and the language of theatre: Notes on the problem of iconic rhetoric. In *Tekstura: Russian Essays on Visual Culture*, A. Efimova and L. Manovich (eds.). Chicago: University of Chicago Press. [Originally published 1979.]

____(1994). A text within the text, trans. by Jerry Leo and Amy Mandelker. *PMLA* 109 (3), 377-384. [Originally published 1981.]

Lotman, Juri M. and A. M. Piatigorsky (1978). Text and function, trans. by Ann Shukman. *New Literary History* 9 (2), 233-244. [Originally published 1968.]

Lotman, Juri M. and Uspenskij, B. A. (1978a). Myth-Name-Culture. *Semiotica* 22 (3/4), 211-233. [Originally published 1973.]

____(1978b). On the semiotic mechanism of culture, trans. by George Mihaychuk. *New Literary History* 9 (2), 211-232. [Originally published 1971.]

____(1984). New aspects in the study of early Russian culture. In *The Semiotics of Russian Culture*, 36-52 (=Michigan Slavic Contributions 11), trans. by N. F. C. Owen, ed. by Ann Shukman. Ann Arbor: Michigan Slavic Contributions 11. [Originally published 1977.]

Lotman, Juri M.; Uspenskij, B. A.; Ivanov, V. V.; Toporov, V. N.; and Pjatigorskij, A. M. (1973). Theses on the semiotic study of cultures (as applied to Slavic texts). In *Structure of Texts and Semiotics of Culture*, J. van der Eng and M. Grygar (eds.). The Hague: Mouton.

Lumdsen, Charles J. (1986). The gene and the sign: Giving structure to postmodernity. *Semiotica* 62 (3/4), 191-206.

Lyotard, Jean-François (1984a). Notes on the critical function of the work of art. In *Driftworks*. New York: Columbia University Press.

____(1984b). Philosophy and painting in the age of their experimentation: Contribution to an idea of postmodernity, trans. by Maia Minich Brewer and Daniel Brewer. *Camera Obscura* 12, 110-125.

____(1984c). *The Postmodern Condition: A Report on Knowledge*, trans. by Geoff Bennington and Brian Massumi. Minneapolis: University of Minnesota Press. [Originally published 1979.]

____(1991). Representation, presentation, unpresentable. In *The Inhuman: Reflections on Time*, trans. by Geoffrey Bennington and Rachel Bowlby. Stanford, CA: Stanford University Press.

MacCannell, Dean (1976). *The Tourist: A New Theory of the Leisure Class*. New York: Schocken.

____(1979). Ethnosemiotics. In *Semiotics of Culture*, I. P. Winner and J. Umiker-Sebeok (eds.). The Hague: Mouton.

____(1986). Sights and spectacles. In *Iconicity: Essays on the Nature of Culture*, P. Bouissac et al. (eds.) (=Problems in Semiotics 4). Tübingen: Stauffenburg.

MacCannell, Dean and MacCannell, Juliet Flower (1982). *The*

Time of the Sign: A Semiotic Interpretation of Modern Culture. Bloomington: Indiana University Press.

MacCannell, Juliet Flower (1979). The semiotic of modern culture. Semiotica 35 (3/4), 287-301.

____(1985). Towards a theory of metaphor and ideology. In *Semiotics 1984*, J. Deely (ed.). Lanham, MD: University Press of America.

MacCormack, Sabine (1991). *Religion in the Andes: Vision and Imagination in Early Colonial Peru*. Princeton, NJ: Princeton University Press.

Malinowski, Bronislaw (1985). *Coral Gardens and Their Magic*. Bloomington: Indiana University Press. [Originally published 1935.]

Márkus, György (1984). The paradigm of language: Wittgenstein, Lévi-Strauss, Gadamer. In *The Structural Allegory: Reconstructive Encounters with the New French Thought*, J. Fekete (ed.) (=Theory and History of Literature 11). Minneapolis: University of Minnesota Press.

Marshack, Alexander (1972). Cognitive aspects of Upper Paleolithic engraving. *Current Anthropology* 13, 445-477.

____(1978). The meander as a system: The analysis and recognition of iconographic units in Upper Paleolithic compositions. In *Form in Indigenous Art*, P. Ucko (ed.). Canberra: Australian Institute of Aboriginal Studies.

____(1989). Theory and methodology in the study of the Upper Paleolithic signs. *Rock Art Research* 6, 17-53.

___(1991). The female image, a time-factored symbol: A study in style and the modes of image use in the European Upper Palaeolithic. *Proceedings of the Prehistoric Society* 57, 17-31.

Matarasso, Pauline (ed.) (1993). *The Cistercian World: Monastic Writings of the Twelfth Century*. Harmondsworth: Penguin Books.

Merrell, Floyd (1992). *Sign, Textuality, World*. Bloomington: Indiana University Press.

Mertz, Elizabeth (1983). A Cape Breton system of personal names: Pragmatic and semantic change. *Semiotica* 44 (1/2), 55-74.

___(1985). Beyond symbolic anthropology: Introducing semiotic mediation. In *Semiotic Mediation: Sociocultural and Psychological Perspectives*, E. Mertz and R. J. Parmentier (eds.). Orlando, FL: Academic Press.

___(1989). Sociolinguistic creativity: Cape Breton Gaelic's linguistic tip. In *Investigating Obsolescence: Studies in Language Contraction and Death*, N. Dorian (ed.). Cambridge: Cambridge University Press.

___(1992). Creative acts of translation: James Boyd White's intellectual integration. *Yale Journal of Law and the Humanities* 4 (1), 165-185.

___(1993). Learning what to ask: Metapragmatic factors and methodological reification. In *Reflexive Language: Reported Speech and Metapragmatics*, J. Lucy (ed.). Cambridge: Cambridge University Press.

___(1996). Recontextualization as socialization: Text and pragmatics in the law school classroom. In *Natural Histories of Discourse*, M. Silverstein and G. Urban (eds.). Chicago: University of Chicago Press.

Mertz, Elizabeth and Parmentier, Richard J. (eds.) (1985). *Semiotic Mediation: Sociocultural and Psychological Perspectives*. Orlando, FL: Academic Press.

Morrison, Karl F. (1990). *History as a Visual Art in the Twelfth-Century Renaissance*. Princeton, NJ: Princeton University Press.

Moxey, Keith (1994). *The Practice of Theory: Poststructuralism, Cultural Politics, and Art History*. Ithaca, NY: Cornell University Press.

Munn, Nancy (1966). Visual categories: An approach to the study of representational systems. *American Anthropologist* 68, 939-950.

____(1970). The transformation of subjects into objects in Walbiri and Pitjantjatjara myth. In *Australian Aboriginal Anthropology*, R. M. Berndt (ed.). Nedlands: University of Western Australia Press.

____(1973a). The spatial representation of cosmic order in Walbiri iconography. In *Primitive Art and Society*, A. Forge (ed.). London: Oxford University Press.

____(1973b). *Walbiri Iconography: Graphic Representation and Cultural Symbolism in a Central Australian Society*. Ithaca, NY: Cornell University Press.

____(1983). Gawan kula: Spatiotemporal control and the symbolism of influence. In *The Kula: New Perspectives on Massim Exchange*, J. Leach and E. R. Leach (eds.). Cambridge: Cambridge

University Press.
____(1986). *The Fame of Gawa: A Symbolic Study of Value Transformation in a Massim (Papua New Guinea) Society*. Cambridge: Cambridge University Press.
Nagy, Gregory (1992). Sêma and nóësis: The hero's tomb and the 'reading' of symbols in Homer and Hesiod. In *Greek Mythology and Poetics*, 202-222. Ithaca, NY: Cornell University Press.
Neich, Roger (1982). A semiological analysis of self-decoration in Mount Hagen, New Guinea. In *The Logic of Culture: Advances in Structural Theory and Methods*, I. Rossi (ed.). South Hadley, MA: Bergin.
____(1990). Maori figurative painting: Tradition and innovation in the search for identity. In *Art and Identity in Oceania*, F. A. Hanson and L. Hanson (eds.). Honolulu: University of Hawaii Press.
Nichols, Stephen G. (1983). *Romanesque Signs: Early Medieval Narrative and Iconography*. New Haven, CT: Yale University Press.
____(1986). Fission and fusion: Meditations of power in medieval history and literature. *Yale French Studies* 70, 21-41.
____(1988a). Medieval women writers: *Aisthesis* and the powers of marginality. *Yale French Studies* 75, 77-94.
____(1988b). Rewriting marriage in the Middle Ages. *Romantic Review* 79, 42-62.
____(1989). Periodization and the politics of perception: A Romanesque example. *Poetics Today* 10 (1), 126-154.
____(1990a). Reflections on the body in the Old French lay. *Stanford*

French Review 14, 27-50.

____(1990b). Philology in a manuscript culture. *Speculum* 65, 1-9.

____(1990c). Remodeling models: Modernism and the Middle Ages. Recherches et Rencontres 1, 45-72.

____(1991). Marie de France's commonplaces. In *Contexts: Style and Values in Medieval Art and Literature*, D. Poirion and N. F. Regalado (eds.). New Haven, CT: Yale University Press.

____(1993). Picture, image, and subjectivity in medieval culture. *MLN* 108, 617-637.

Nicolaisen, W. F. H. (ed.) (1995). *Oral Tradition in the Middle Ages*. Binghamton, NY: Medieval and Renaissance Texts and Studies.

Norris, Christopher (1989). Lost in the funhouse: Baudrillard and the politics of post modernism. *Textual Practice* 3, 360-387.

Obeyesekere, Gananath (1981). *Medusa's Hair: An Essay on Personal Symbols and Religious Experience*. Chicago: University of Chicago Press.

____(1990). *The Work of Culture: Symbolic Transformation in Psychoanalysis and Anthropology*. Chicago: University of Chicago Press.

____(1992). *The Apotheosis of Captain Cook: European Mythmaking in the Pacific*. Princeton, NJ: Princeton University Press.

____(1993). Anthropology and the Cook myth: A response to critics. *Social Analysis* 34, 70-85.

____(1994). How to write a Cook book: Mythic and other realities in anthropological writing. *Pacific Studies* 17 (2), 136-155.

____(1995a). British cannibals: Contemplation of an event in the death and resurrection of James Cook, explorer. In *Beyond Textuality: Asceticism and Violence in Anthropological Interpretation*, G. Bibeau and E. Corin (eds.). Berlin: Mouton de Gruyter.

____(1995b). Re-weaving the argument: A response to Parker. *Oceania* 65 (3), 268-273.

Panofsky, Erwin (1957). *Gothic Architecture and Scholasticism*. New York: New American Library.

____(1972). *Renaissance and Renascences in Western Art*. New York: Harper & Row.

____(1979). *Abbot Suger on the Abbey Church of St.-Denis and Its Art Treasures*, second edition. Princeton, NJ: Princeton University Press.

Parmentier, Richard J. (1984). Review of Milton Singer, *Man's Glassy Essence: Explorations in Semiotic Anthropology*. *Anthropological Linguistics* 26, 457-461.

____(1985a). Diagrammatic icons and historical processes in Belau. *American Anthropologist* 87, 840-852.

____(1985b). Times of the signs: Modalities of history and levels of social structure in Belau. In *Semiotic Mediation: Sociocultural and Psychological Perspectives*, E. Mertz and R. J. Parmentier (eds.). Orlando, FL: Academic Press.

____(1985c). Semiotic mediation: Ancestral genealogy and final interpretant. In *Semiotic Mediation: Sociocultural and Psychological Perspectives*, E. Mertz and R. J. Parmentier (eds.). Orlando, FL: Academic Press.

____(1987). *The Sacred Remains: Myth, History, and Polity in Be-*

lau. Chicago: University of Chicago Press.

____(1988). Transactional symbolism in Belauan mortuary rites: A diachronic study. *Journal of the Polynesian Society* 97, 281-312.

____(1991). Signs and history in Belau. *Pacific Studies* 14, 169-180.

____(1993). The political function of reported speech: A Belauan example. In *Reflexive Language: Reported Speech and Metapragmatics*, J. Lucy (ed.). New York: Cambridge University Press.

____(1994a). Comment on Byers, Symboling and the Middle-Upper Palaeolithic transition. *Current Anthropology* 35, 388-389.

____(1994b). *Signs in Society: Studies in Semiotic Anthropology*. Bloomington: Indiana University Press.

____(1996). Haole-ing in the wind: On the rhetoric of identity anthropology. *Anthropological Quarterly* 69, 220-230.

Partner, Nancy F. (1985). The new Cornificius: Medieval history and the artifice of words. In *Classical Rhetoric and Medieval Historiography*, E. Breisach (ed.). Kalamazoo: Medieval Institute Publications, Western Michigan University.

____(1986). Daughters of earth/sons of heaven: Signs and things in history. *Semiotica* 59 (3/4), 245-260.

Pasztory, Esther (1989). Identity and difference: The uses and meanings of ethnic styles. In *Cultural Differentiation and Cultural Identity in the Visual Arts*, S. J. Barnes and W. S. Melion (eds.). Washington, DC: National Gallery of Art.

____(1990). Still invisible: The problem of the aesthetics of abstraction for Pre-Columbian art and its implications for other cultures. *Res* 19/20, 105-136.

Peirce, Charles S. (1931-1958). *Collected Papers of Charles Sanders Peirce*, Charles Hartshorne, Paul Weiss, and A. W. Burks (eds.), vols. 1-8. Cambridge, MA: Harvard University Press. [Reference to Peirce's papers will be designated *CP*.]

____(1982-). *Writings of Charles S. Peirce: A Chronological Edition*, M. Fisch, E. Moore, and C. Kloesel (eds.), vols. 1-5. Bloomington: Indiana University Press. [Reference to Peirce's writings will be designated *W*.]

Porter, James B. (1989). Olmec colossal heads as recarved thrones: Mutilation, revolution and recarving. *Res* 17/18, 23-29.

Povinelli, Elizabeth A. (1993). *Labor's Lot: The Power, History, and Culture of Aboriginal Action*. Chicago: University of Chicago Press.

Radding, Charles M. (1978). Evolution of medieval mentalities: A cognitive-structural approach. *American Historical Review* 83, 577-597.

____(1979). Superstitution to science: Nature, fortune, and the passing of the medieval ordeal. *American Historical Review* 84, 945-969.

____(1985). *A World Made by Men: Cognition and Society, 400-1200*. Chapel Hill: University of North Carolina Press.

Radding, Charles M. and Clark, William W. (1992). *Medieval Architecture, Medieval Learning: Builders and Masters in the Age of Romanesque and Gothic*. New Haven, CT: Yale University Press.

Rappaport, Roy (1979). On cognized models. In *Ecology, Meaning, and Religion*, 97-144. Richmond, CA: North Atlantic Books.

Reiss, Timothy J. (1982). Questions of medieval discursive practice. In *The Discourse of Modernism*, 55-107. Ithaca, NY: Cornell University Press.

____(1989). *The Uncertainty of Analysis: Problems in Truth, Meaning, and Culture*. Ithaca, NY: Cornell University Press.

Renoir, Alain (1987). Oral-formulaic rhetoric: An approach to image and message in Medieval poetry. In *Medieval Texts and Contemporary Readers*, L. A. Finke and M. B. Shichtman (eds). Ithaca, NY: Cornell University Press.

Richard of St. Victor (1979). *The Twelve Patriarchs*, trans. by Grover A. Zinn. New York: Paulist Press.

Richter, Michael (1994). *The Formation of the Medieval West: Studies in the Oral Culture of the Barbarians*. New York: St. Martin' s Press.

Ricoeur, Paul (1969). *The Symbolism of Evil*, trans. by Emerson Buchanan. Boston: Beacon Press. [Originally published 1967.]

____(1974). *The Conflict of Interpretations: Essays in Hermeneutics*, ed. by Don Ihde. Evanston: Northwestern University Press.

____(1984). The model of the text: Meaningful action considered as text, trans. by Kathleen Blarney and John B. Thompson. In *From Text to Action: Essays in Hermeneutics*, 105-124. Evanston, IL: Northwestern University Press. [Originally published 1971.]

Robertson, D. W., Jr. (1962). *A Preface to Chaucer: Studies in Medieval Perspectives*. Princeton, NJ: Princeton University Press.

Rubin, Miri (1991). *Corpus Christi: The Eucharist in Late Medieval Culture*. Cambridge: Cambridge University Press.

Rudolph, Conrad (1990). *The 'Things of Greater Importance': Bernard of Clairvaux's Apologia and the Medieval Attitude Toward Art*. Philadelphia: University of Pennsylvania Press.

Sackett, J. R. (1986). Isochrestism and style: A clarification. *Journal of Anthropological Archaeology* 5, 266-277.

Sahlins, Marshall (1976). *Culture and Practical Reason*. Chicago: University of Chicago Press.

____(1981). *Historical Metaphors and Mythical Realities: Structure in the Early History of the Sandwich Islands Kingdom*. Ann Arbor: University of Michigan Press.

____(1985). *Islands of History*. Chicago: University of Chicago Press.

____(1989). Captain Cook at Hawaii. *Journal of the Polynesian Society* 98, 371-425.

____(1992). *Historical Ethnography*. Volume 1 of *Anahulu: Anthropology of History in the Kingdom of Hawaii*, Patrick V. Kirch and Marshall Sahlins. Chicago: University of Chicago Press.

____(1995). *How 'Natives' Think: About Captain Cook, For Example*. Chicago: University of Chicago Press.

Schneider, David M. (1976). Notes toward a theory of culture. In *Meaning in Anthropology*, K. Basso and H. Selby (eds.). Albuquerque: University of New Mexico Press.

Schwimmer, Eric (1974). Objects of mediation: myth and praxis. In *The Unconscious in Culture: The Structuralism of Claude Lé-*

vi-Strauss in Perspective, I. Rossi (ed.). New York: E. P. Dutton.
____(1976). Folkloristics and anthropology. *Semiotica* 17 (3), 267-289.
____(1977). Semiotics and culture. In *A Perfusion of Signs*, T. A. Sebeok (ed.). Bloomington: Indiana University Press.
____(1979a). Is anthropology a domain of semiotics? In *A Semiotic Landscape*, S. Chatman et al. (eds.). Paris: Mouton.
____(1979b). Reciprocity and structure. *Man* 14, 271-285.
____(1979c). Feasting and tourism: A comparison. In *Semiotics of Culture*, I. P. Winner and J. Umiker-Sebeok (eds.). The Hague: Mouton.
____(1981). Power and secrecy: The semiotics of manipulation and detection. *Recherches Semiotiques/Semiotic Inquiry* 1, 214-243.
____(1983). The taste of your own flesh. *Semiotica* 46 (2/4), 107-129.
____(1985). The polysemic analysis of oral literature. *Style* 19, 213-226.
____(1986). Icons of identity. In *Iconicity: Essays on the Nature of Culture*, P. Bouissac et al. (eds.). Tübingen: Stauffenburg.
____(1990). The anthropology of the ritual arts. In *Art and Identity in Oceania*, F. A. Hanson (ed.). Honolulu: University of Hawaii Press.
Sebeok, Thomas A. (1981). *The Play of Musement*. Bloomington: Indiana University Press.
____(1991). *Semiotics in the United States*. Bloomington: Indiana University Press.

Sekoni, Ropo (1992). Semiocentrism in African imagination: The example of Yoruba divination discourse. In *Center and Periphery in Representations and Institutions*: Proceedings from the ISI conference in Imatra, July 16-21, 1990 (=Acta Semiotic Fennicaa 1), E. Tarasti (ed.). Imatra: International Semiotics Institute.

Short, T. L. (1982). Life among the legisigns. *Transactions of the Charles S. Peirce Society* 18, 285-310.

____(1989). Why we prefer Peirce to Saussure. In *Semiotics 1988*, T. Prewitt, J. Deely, and K. Haworth (eds.). Lanham, MD: University Press of America.

Shukman, Ann (1988). Semiotic aspects of the work of Jurij Michajlovic Lotman. In *The Semiotic Web 1987*, T. A. Sebeok and J. Umiker-Sebeok (eds.). 65-78. Berlin: Mouton de Gruyter.

____(1989). Semiotics of culture and the influence of M. M. Bakhtin. In *Issues in Slavic Literary and Cultural Theory*, K. Eimermacher, P. Grzybek, and G. Witte (eds.). Bochum: Brockmeyer.

Silverblatt, Irene (1987). *Moon, Sun, and Witches: Gender Ideologies and Class in Inca and Colonial Peru*. Princeton, NJ: Princeton University Press.

Silverstein, Michael (1972). Linguistic theory: Syntax, semantics, pragmatics. *Annual Review of Anthropology* 1, 349-382.

____(1975a). Linguistics and anthropology. In *Linguistics and Neighboring Disciplines*, R. Bartsch and T. Venneman (eds.). Amsterdam: North-Holland.

____(1975b). La sémiotique Jakobsonienne et l'anthropologie sociale. *L'Arc* 60, 45-49.

____(1976). Shifters, linguistic categories and cultural description. In *Meaning in Anthropology*, K. H. Basso and H. A. Selby (eds.). Albuquerque: University of New Mexico Press.

____(1977). Cultural prerequisites to grammatical analysis. In *Linguistics and Anthropology*, M. Saville-Troike (ed.) (=Georgetown University Round Table on Languages and Linguistics 1977). Washington, DC: Georgetown University Press.

____(1979). Language structure and linguistic ideology. In *The Elements: A Parasession on Linguistic Units and Levels*, P. R. Clyne, W. F. Hanks, and C. L. Hofbauer (eds.). Chicago: Chicago Linguistics Society.

____(1981a). The limits of awareness. *Sociolinguistic Working Papers*, no. 84. Austin, TX: Southwest Educational Development Laboratory.

____(1981b). Metaforces of power in traditional oratory. Lecture, Department of Anthropology, Yale University.

____(1984). Naming sets among the Wororo (Northern Kimberley, Australia). Paper presented at the 1980 Spring Meeting of the American Ethnological Society. Washington, DC: American Ethnological Society.

____(1985a). The culture of language in Chinookan narrative texts: Or, on saying that ... in Chinook. In *Grammar Inside and Outside the Clause: Some Approaches to Theory from the Field*, J. Nichols and A. C. Woodbury (eds.). Cambridge: Cambridge University Press.

____(1985b). The functional stratification of language and ontogenesis. In *Culture, Communication, and Cognition: Vygotskian Perspectives*, J. V. Wertsch (ed.). Cambridge: Cambridge University Press.

____(1985c). Language and the culture of gender: At the intersection of structure, usage, and ideology. In *Semiotic Mediation: Sociocultural and Psychological Perspectives*, E. Mertz and R. J. Parmentier (eds.). Orlando, FL: Academic Press.

____(1986). The diachrony of Sapir's synchronic linguistic description: Or, Sapir's 'cosmographical' linguistics. In *Perspectives in Language, Culture, and Personality: Proceedings of the Edward Sapir Centenary Conference*, W. Cowan et al. (eds.) (=Amsterdam Studies in the Theory and History of the Language Sciences III: Studies in the History of the Language Sciences 41). Amsterdam: John Benjamins.

____(1987a). Monoglot 'standard' in America: Standardization and metaphors of linguistic hegemony. *Working Papers and Proceedings of the Center for Psychosocial Studies*, no. 13. Chicago: Center for Psychosocial Studies.

____(1987b). The three faces of 'function': Preliminaries to a psychology of language. In *Social and Functional Approaches to Language and Thought*, M. Hickmann (ed.). Orlando, FL: Academic Press. [Originally published 1980.]

____(1992). The indeterminancy of contextualization: When is enough enough? In *The Contextualization of Language*, P. Auer and A. Di Luzio (eds.). Amsterdam: John Benjamins.

____(1993). Metapragmatic discourse and metapragmatic function.

In *Reflexive Language: Reported Speech and Metapragmatics*, J. A. Lucy (ed.). Cambridge: Cambridge University Press.

____(1994). The uses and utility of ideology: Some reflections. *Pragmatics* 2, 311-323.

____(1996). The secret life of texts. In *Natural Histories of Discourse*, M. Silverstein and G. Urban (eds.). Chicago: University of Chicago Press.

Singer, Milton (1973). A neglected source of structuralism: Radcliffe-Brown, Russell and Whitehead. *Semiotica* 48 (1/2), 11-98.

____(1977). The symbolic and historic structure of an American identity. *Ethos* 5, 428-454.

____(1978). For a semiotic anthropology. In *Sight, Sound, and Sense*, T. A. Sebeok (ed.). Bloomington: Indiana University Press.

____(1981). On the semiotics of Indian identity. *American Journal of Semiotics* 7, 85-126.

____(1982). Emblems of identity: A semiotic exploration. In *On Symbols in Anthropology: Essays in Honor of Harry Hoijer* (=Other Realities 3) J. Maquet (ed.). Malibu, CA: Undena.

____(1984). *Man's Glassy Essence: Explorations in Semiotic Anthropology*. Bloomington: Indiana University Press.

____(1986). Commentary on Thomas Sebeok, *The Doctrine of Signs*. *Journal of Social and Biological Structures* 9, 354-364.

____(1988). Symbolism of the center, the periphery and the middle. In *Center: Idea and Institution*, L. Greenfield and M. Martin (eds.). Chicago: University of Chicago Press.

____(1989). Pronouns, persons, and the semiotic self. In *Semiotics,*

Self, and Society, B. Lee and G. Urban (eds.) (=Approaches to Semiotics 84). Berlin: Mouton de Gruyter.

Smalley, Beryl (1964). *The Study of the Bible in the Middle Ages*. Notre Dame: University of Notre Dame Press. [Originally published 1952.]

Stock, Brian (1967). The philosophical anthropology of Johannes Scottus Eriugena. *Studi Medievali* (3rd ser.) 8, 1-57.

____(1972). *Myth and Science in the Twelfth Century: A Study of Bernard Silvester*. Princeton, NJ: Princeton University Press.

____(1973). Experience, praxis, work, and planning in Bernard of Clairvaux: Observations on the *Sermones in Cantica*. In *The Cultural Context of Medieval Learning*, J. E. Murdoch and E. D. Sylla (eds.) (=Boston Studies in the Philosophy of Science 26). Dordrecht: D. Reidel.

____(1983). *The Implications of Literacy: Written Language and Models of Interpretation in the Eleventh and Twelfth Centuries*. Princeton, NJ: Princeton University Press.

____(1984). Medieval literacy, linguistic theory, and social organization. *New Literary History* 16 (1), 13-30.

____(1990). *Listening for the Text: On the Uses of the Past*. Baltimore, MD: Johns Hopkins University Press.

Sullivan, William (1996). *The Secret of the Incas: Myth, Astronomy, and the War Against Time*. New York: Crown.

Summers, David (1981). Conventions in the history of art. *New Literary History* 13, 103-125.

____(1986). This is not a sign: Some remarks on art and semiotics.

Art Criticism 3, 30-45.

____(1994). On the history of artefacts. *Art Bulletin* 76, 590-592.

Tambiah, Stanley J. (1984). *The Buddhist Saints of the Forest and the Cult of Amulets: A Study in Charisma, Hagiography, Sectarianism, and Millennial Buddhism*. Cambridge: Cambridge University Press.

Tarasti, Eero (1986). Music as sign and process. In *Semiotics and International Scholarship: Towards a Language of Theory*, J. D. Evans and A. Helbo (eds.). Dordrecht: Martinus Nijhoff.

____(1994). Can Peirce be applied to music? In *Peirce and Value Theory: On Peircean Ethics and Aesthetics*, H. Parret (ed.). Amsterdam: John Benjamins.

Toporov, V. N. (1976 [1973]). On the cosmological origin of early historical descriptions in general semiotics, trans. by Christopher English. In *Russian Poetics in Translation*, no. 3., L. M. O'Toole and A. Shukman (eds.). University of Essex. [Originally published 1973.]

____(1978). On Dostoevsky's poetics and archaic patterns of mythological thought, trans. by Susan Knight. *New Literary History* 9 (2), 333-352. [Originally published 1973.]

Turner, Victor (1960). Muchona the hornet. In *In the Company of Man: Twenty Portraits of Anthropological Informants*, J. B. Casagrande (ed.). New York: Harper and Row.

____(1967). *The Forest of Symbols: Aspects of Ndembu Ritual*. Ithaca, NY: Cornell University Press.

Umiker-Sebeok, Jean (1977). Semiotics of culture: Great Britain and North America. *Annual Review of Anthropology* 6, 121-135.

Urban, Greg (1986). The semiotic function of macro-parallelism in the Shokleng origin myth. In *Native South American Discourse*, J. Sherzer and G. Urban (eds.). Berlin: Mouton de Gruyter.

Uspenskij, Boris (1972). Structural isomorphism of verbal and visual art. *Poetics* 5, 5-39.

____(1975). 'Left' and 'right' in icon painting, trans. by Ann Shukman. *Semiotica* 13 (1), 33-39. [Originally published 1973.]

____(1976a). The language of ancient painting, trans. by Stephen Rudy. *Dispositio* 1, 219-246. [Originally published 1970.]

____(1976b). *The Semiotics of the Russian Icon*, ed. by Stephen Rudy. Lisse: Peter de Ridder.

Valeri, Valerio (1985). *Kingship and Sacrifice: Ritual and Society in Ancient Hawaii*, trans. by Paula Wissing. Chicago: University of Chicago Press.

____(1987). On anthropology as interpretive quest. *Current Anthropology* 28, 355-356.

____(1990). Both nature and culture: Reflections on menstrual and parturitional taboos in Huaulu (Seram). In *Power and Difference: Gender in Island Southeast Asia*, J. M. Atkinson and S. Errington (eds.). Stanford, CA: Stanford University Press.

____(1991). The transformation of a transformation: A structural essay on an aspect of Hawaiian history (1809-1819). In *Clio in Oceania: Toward a Historical Anthropology*, A. Biersack (ed.). Washington, DC: Smithsonian Institution Press.

Vance, Eugene (1972). Signs of the city: Medieval poetry as detour.

New Literary History 4, 557-574.

____(1973). The modernity of the Middle Ages in the Future: Remarks on a recent book. *Romanic Review* 64, 140-151.

____(1979). A coda: Modern medievalism and the understanding of understanding. *New Literary History* 10, 377-383.

____(1982). Saint Augustine: Language as temporality. In *Mimesis: From Mirror to Method*, J. D. Lyons and S. G. Nichols, Jr. (eds.). Hanover, NH: University Press of New England.

____(1985). Medievalisms and models of textuality. *Diacritics* 13, 55-64.

____(1986). *Mervelous Signals: Poetics and Sign Theory in the Middle Ages*. Lincoln: University of Nebraska Press.

____(1987). *From Topic to Tale: Logic and Narrativity in the Middle Ages*. Minneapolis: University of Minnesota Press.

____(1988). Semiotics and power: Relics, icons and the *Voyage de Charlemagne à Jérusalem et à Constantinople. Romanic Review* 79, 164-183.

____(1991). Style and value: From soldier to pilgrim in the *Song of Roland*. In *Contexts: Style and Value in Medieval Art and Literature*, D. Poirion and N. F. Regalado (eds.). New Haven, CT: Yale University Press.

Vetik, Raivo (1994). The Platonism of J. Lotman. *Semiotica* 99 (1/2), 67-79.

Wagner, Roy (1986). *Symbols That Stand for Themselves*. Chicago: University of Chicago Press.

Weiner, Annette B. (1992). *Inalienable Possessions: The Paradox of*

Keeping-While-Giving. Berkeley: University of California Press.
Weiner, James F. (1986). Men, ghosts and dreams among the Foi: Literal and figurative modes of interpretation. *Oceania* 57, 114-127.
____(1988). *The Heart of the Pearl Shell: The Mythological Dimension of Foi Sociality*. Berkeley: University of California Press.
____(1995). *The Lost Drum: The Myth of Sexuality in Papua New Guinea and Beyond*. Madison: University of Wisconsin Press.
Wetherbee, Winthrop (1973). *The* Cosmographia *of Bernardus Silvestris*. New York: Columbia University Press.
White, Randall (1992). Beyond art: Toward an understanding of the origins of material representation in Europe. *Annual Review of Anthropology* 21, 537-564.
Whorf, Benjamin Lee (1956). *Language. Thought, and Reality*, ed. by John B. Carroll. Cambridge, MA: MIT Press.
Winner, Irene Portis (1982). *Semiotics of Culture: The State of the Art* (=Toronto Semiotic Circle Monographs, Working Papers, and Prepublications). Toronto: Victoria College, University of Toronto.
____(1983). Some comments on the concept of the human sign: Visual and verbal components and application to ethnic research. *Semiotica* 46 (2/4), 263-285.
____(1988). Research in semiotics of culture. In *The Semiotic Web 1987*, T. A. Sebeok and J. Umiker-Sebeok (eds.) 601-638. Berlin: Mouton de Gruyter.
____(1989). Segmentation and reconstruction of ethnic culture texts: Narration, montage, and the interpenetration of the visual and

verbal spheres. In *Issues in Slavic Literary and Culture Theory*, K. Eimermacher, P. Grzybek, and G. Witte (eds.). Bochum: Brockmeyer.

Winner, Irene Portis and Winner, Thomas G. (1976). The semiotics of cultural texts. *Semiotica* 18 (2), 101-156.

Wobst, H. Martin (1977). Stylistic behavior and information exchange. In *For the Director: Research Essays in Honor of James B. Griffin*, Charles E. Cleland (ed.) (=Anthropological Papers 61). Ann Arbor: Museum of Anthropology, University of Michigan.

Zuidema, R. Tom (1989). The moieties of Cuzco. In *The Attraction of Opposites: Thought and Society in the Dualistic Mode*, D. Maybury-Lewis and U. Almagor (eds.). Ann Arbor: University of Michigan Press.

____(1990). The royal whip in Cuzco: Art, social structure and cosmology. In *The Language of Things: Studies in Ethnocommunication*, P. ter Keurs and D. Smidt (eds.). Leiden: Rijksmuseum voor Volkenkunde.

Zumthor, Paul (1984). The text and the voice. *New Literary History* 16 (1), 67-92.

____(1985). Spoken language and oral poetry in the Middle Ages. *Style* 19, 191-198.

____(1986). *Speaking of the Middle Ages*, trans. by Sarah White. Lincoln: University of Nebraska Press.

찾아보기

| 세미오시스 번역총서 04 |

기호인류학 특강:
문화의 화용론적 기호학

초판 인쇄 2016년 5월 23일
초판 발행 2016년 5월 30일

지은이 리처드 파멘티어(Richard J. Parmentier)
발행인 김인철
옮긴이 고경난
총괄 · 기획 장지호 Director, University Press
편집장 신선호 Executive Knowledge Contents Creator
도서편집 김민정 Contents Creator
진수연 Contents Creator
전자책편집 최인우 Chief e-Contents Creator
마케팅 곽용창 Chief Marketing Creator
재무관리 권미경 Chief Managing Creator
김은혜 Managing Creator
발행처 한국외국어대학교 지식출판원
02450 서울특별시 동대문구 이문로 107
전화 02)2173-2493~7
팩스 02)2173-3363
홈페이지 http://press.hufs.ac.kr
전자우편 press@hufs.ac.kr
출판등록 제6-6호(1969. 4. 30)
디자인 · 편집 (주)이환디앤비 02)2254-4301
인쇄 · 제본 네오프린텍 02)718-3111

ISBN 979-11-5901-084-2 94120 정가 18,000원
ISBN 978-89-7464-833-6 (세트)

*잘못된 책은 교환하여 드립니다.

HU:NE은 한국외국어대학교 지식출판원의 어학도서, 사회과학도서, 지역학 도서 Sub Brand이다. 한국외대의 영문명인 HUFS, 현명한 국제전문가 양성(International +Intelligent)의 의미를 담고 있으며, 휴인(携引)의 뜻인 '이끌다, 끌고 나가다'라는 의미처럼 출판계를 이끄는 리더로서, 혁신의 이미지를 담고 있다.